極私的プロ野球偏愛論

野球と漫才のしあわせな関係

ナイツ 塙 宣之
話し相手 長谷川晶一

ベースボール・マガジン社

はじめに

野球と漫才のしあわせな関係

幼い頃から野球が大好きで、漫才が大好きでした――。
そんな僕が、初めて「野球本」を出すことになりました（しかもあのベーマガから）。幼い頃にプロ野球に出合って以来、思い出の数々を自分自身でひもといていくと、「オレの人生には、いつも身近に野球があったんだなぁ」って気がつきました。

幼少期にジャイアンツに洗脳されて以来、40歳を過ぎた今でもジャイアンツのことが大好きだし、プロ野球の世界に魅せられています。同時に漫才が大好きで、実際に自分が漫才師になってからもお笑いに魅せられています。そして、あるときふと気づきました。

――野球はお笑いに似ていて、お笑いは野球に通じている。

この本では、僕の大好きな野球とお笑いについて、縦横無尽に徹底的に語り尽くします。第1章「塙の『極私的ジャイアンツ論』」では、なぜ巨人が好きなのか？　巨人のカッコよさとは何なのか？　すべての巨人ファン、そしてアンチ巨人ファンに捧げる「ジャイアンツ論」をお届けしましょう。

第2章「野球と漫才のしあわせな関係」では、僕の大好きな野球選手を芸人に例え、尊敬すべき芸人仲間たちを野球選手に例えていきます。あの大物芸人を野球選手に例えると誰になるのか？　そんな視点で野球とお笑いを語っています。

そして、第3章「僕と野球と、漫才と」は、僕と野球との出合い、野球とお笑いの相関関係、野球に救われ、お笑いに助けられた青春期について、僕自身の半生を振り返ってみました。

続く第4章「『塙的ベストナイン』を作ってみたらこうなった！」では、文字どおり、僕の大好きな野球選手の顔を思い浮かべながら、「ああでもない、こうでもない」と個人的なベストナインを考えました。12球団はもちろん、今はなき近鉄バファローズも含めた13球団分のベストナインを考える作業はとても楽しかったです。

さらに、第5章では「芸人版東京ダービー　巨人・塙VSヤクルト・出川」と題して、事務所の先輩で、大の東京ヤクルトスワローズファンの出川哲朗さんと対談。紙上での「巨人対ヤクルト戦」をお届けします。

他にも僕が本書のために書き下ろした「爆笑野球漫才」、漫才協会とベースボール・マガジン社の『プロ野球選手名鑑』のスペシャルコラボ「おもしろ芸人選手名鑑」も特別収録。

始めから終わりまで、隅から隅まで野球とお笑いにあふれた一冊となりました。どこから読んでも大丈夫。気が向いたときにフッと手に取って、野球中継が始まったら、そこでいったん読む手を休めて、試合後にまた手に取れるような一冊です。

では、そろそろプレイボールとしましょうか！

塙　宣之

CONTENTS

極私的プロ野球偏愛論
野球と漫才のしあわせな関係

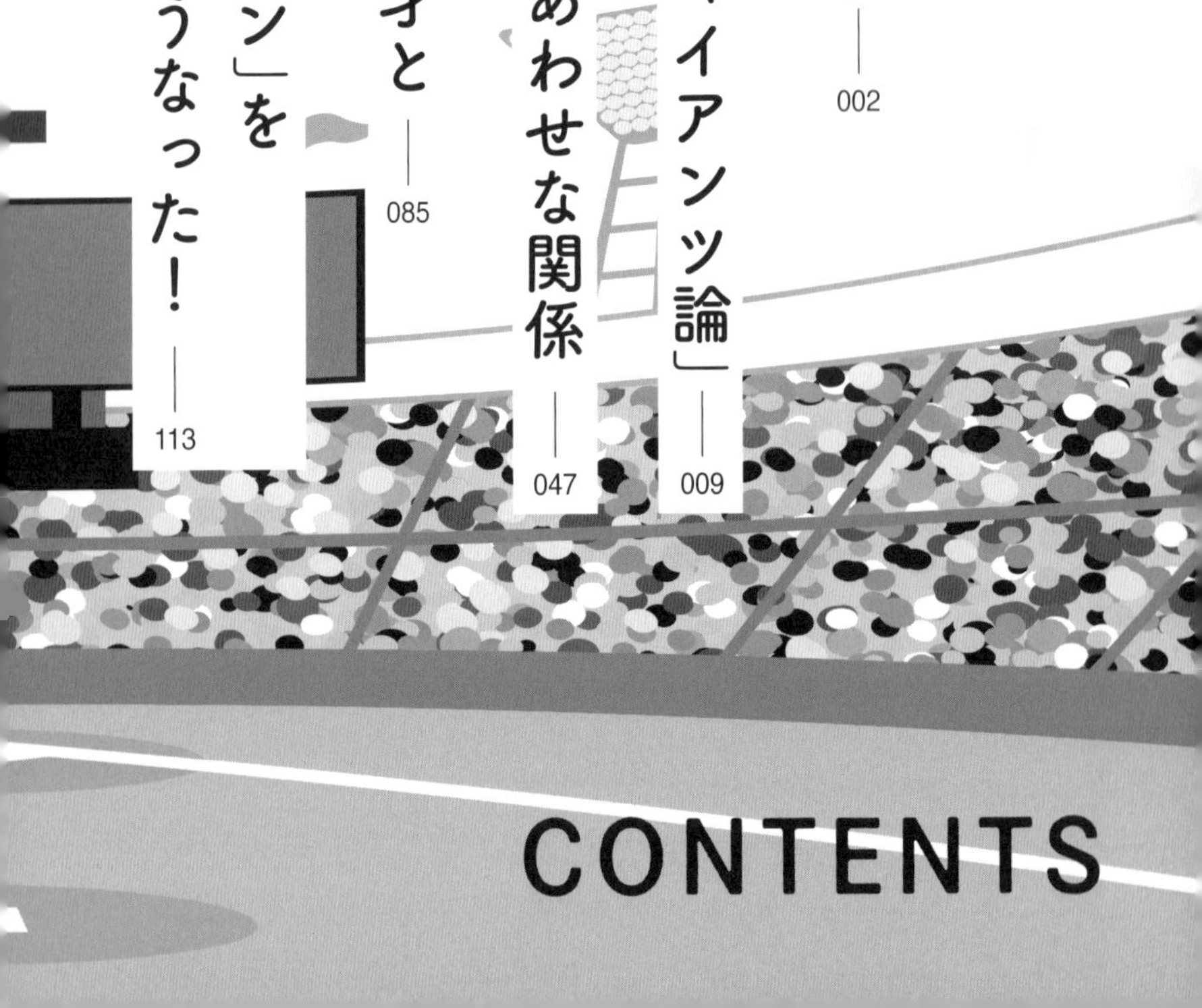

第5章

第1章

塙の「極私的ジャイアンツ論」

物心ついたときからジャイアンツファンだった

ご存知のとおり、僕は大のジャイアンツファンです。

よく、「塙さんは、いつから巨人ファンなんですか?」と聞かれますが、愚問です。「生まれたときから」としか答えられないですよ。

70年代生まれの僕らの世代は、物心ついたときにはテレビでジャイアンツ戦の中継が毎晩普通に放送されていました。しかも、軒並み高視聴率を記録していた時代。この頃の子どもたちはみなジャイアンツに洗脳されているんです。

80年代後半から90年代にかけて、原辰徳さんや中畑清さん、……いや、どうも調子が出ないな。大変失礼ながら、ここは敬意を込めつつも、あの頃のように呼び捨てで呼ばせてください(笑)。僕が夢中になっていた頃のジャイアンツは原、中畑がいて、篠塚がまだ「和典」に改名する前の「利夫」でしたね。そして、「50番トリオ」と呼ばれた背番号《50》の駒田徳広、《54》の槙原寛己、《55》の吉村禎章が若手から中堅に育っていく頃のこと。

江川卓の現役時代も、もちろん覚えています。1987(昭和62)年の現役最終年、広島・小早川毅彦に打たれた一発。テレビ中継を見ていた父がこう言いました。

「これで江川は引退するかもな……」

この言葉はショックでしたねぇ。父の言葉を聞いて無性に悲しくなり、僕はテレビ画面に向かって大泣きしました。同時に、小早川に対して言い知れぬ憎しみを感じたことを今でもよく覚えています。

今でも、あの場面を思い出すと、「おい、小早川！　全国の子どもたちのためにも、そこは空振りしなきゃダメだろ」って、本気で思いますよ。

その家が、どういう宗教を信じているのかによって、子どもに与える影響はとても大きいもの。代々ひとつの宗派を信じている家系ならなおさら、生まれてくる子どもたちは否応なく、その宗教を信じることになりがちです。僕がジャイアンツファンであることも、それと同じ理由です。「ジャイアンツ」というのは、もうすでに一つの宗教なんですよ。

かと言って、うちの父は特にジャイアンツファンというわけではありませんでした。僕には兄が二人いますが、兄貴たちは熱心な巨人信者でした。長男が三歳上、次男が一歳上なので、完全に兄たちの影響を受けて、僕もジャイアンツを愛するようになったんです。

子どもの頃って、兄貴たちの影響力は絶大じゃないですか。特に男ばかりの三人兄弟の三男坊にとって、兄貴たちの存在は絶対的でした。

たとえば、僕がYMOを聴くようになったのは完全に長男の影響です。長男はBOØWYのファンなんですけど、自分で楽器を買って弾いていました。僕は楽器を手に取ることはなかったけど、次男はずっと長男の楽器をいじっていて、自分でもベースを弾くようになり、ご存知のように芸人「はなわ」として、ベースを使った漫談をするようになりました。

僕は楽器にはハマらなかったけど、野球には完全にハマりました。兄貴たちと同じように、熱烈なジャイアンツファンになったんですね。

だから、後で詳しく話しますけど、たとえジャイアンツがドラフト獲得において阿漕《あこぎ》なことをしようとも、カネに飽かせて他球団の四番バッターを次々と強奪しようとも、僕はジャイアンツを嫌いになることは決してありません。絶対にないです。

そもそも、ジャイアンツを好きになった理由なんてないし、ましてや嫌いになる理由もない。あの頃の子どもたちの多くは、僕と同じように「ジャイアンツが一番なんだ」という刷り込みを受けているんです。これは一種の教育であり、洗脳なんですよ。

そして、僕はいまだにマインドコントロールが解けていないんです。

だから、「巨人の金満補強」を否定するヤツを見たり、巨人批判をする「アンチジャイアンツ」の人たちを目の当たりにしたりすると、そいつらはみんな敵に見えます。心から「何言ってんだ、コイツら」という気になるし、ますます「オレが巨人を守らなければ」という強い思いが芽生えるんですよね。その結果、僕の「巨人愛」はますます強くなり、さらに強固にジャイアンツ愛が深まるんです。これは自然の摂理なんですよ。

初めて行った後楽園球場の苦い思い出

初めて後楽園球場に行ったのは僕が4歳か、5歳ぐらいのことだったかな？

うちの父は都内勤務の商社マンだったので、たまたま巨人戦のチケットを仕事の関係で手に入れたらしいんですよ。長男や次男は、それまで何度も行ってたみたいだけど、一番年下の僕はこのときが初めての後楽園球場でした。

当時の僕は、「青い稲妻」こと、松本匡史のファンでした。テレビを見ていて、松本がアップになったときに「カッコいい」と一瞬でファンになったようです。で、初めて行った後楽園球場でも、初めて生で見る「青い稲妻」に夢中だったと、後に親から聞きました。

当時、アニメの『サイボーグ009』が大好きでした。なぜだか知らないけど、たまたまテレビにアップになった松本の姿が、僕の中ではアニメのキャラとかぶって見えたんです。

それに、『サイボーグ009』って、各キャラがそれぞれ特殊能力を持っているじゃないですか？　松本の俊足が、まさに「加速装置」にダブったんです。それで、気がつけば松本ファンになり、熱狂的な巨人ファンになっていったんです。

野球のルールなんて、よくわかっていなかったけど、松本が打って、投げて、走っている姿を見ているだけで、この頃は大満足でしたね。

ホントに好きだったなぁ、松本匡史。

さて、後楽園球場での初観戦。このとき、「ある事件」が起こりました。

正直、途中で飽きちゃったんです(笑)。で、退屈しのぎに座席の下にもぐって遊んでいたら、スポッとハマってしまって抜けなくなっちゃったんですよ。

親や兄貴たちが懸命に引っ張り出そうとするんだけど、まったく抜けない。次第に僕も不安になってきて、とうとう大泣きしちゃったんです。僕らの周りの席に座っていた人たちも、「大丈夫か?」と心配するほどの結構な騒ぎになりました。結局、隣に座っていた見知らぬおじさんがめちゃくちゃ頑張ってくれて、僕は何とか救出されました。

後に、テレビなどで「どうして巨人ファンになったんですか?」と聞かれたときに、この一連のやり取りを紹介して、「巨人ファンの優しさに感激したから」と答えているけど、そんなわけはないです。いちいち、松本匡史と『サイボーグ009』の関係を答えるのが面倒くさいし、理由としてはフワッとしてるから、ただそう答えているだけです(笑)。

で、座席にハマって無事に救出された後ですけど、その日の試合結果などは全然覚えてないんです。そもそも、巨人とどこが対戦したのかさえ、まったく記憶にないです。

ただ、ハッキリと覚えているのは兄貴たちにメチャクチャ怒られたこと。

「だから、宣之を連れてきたくなかったんだよ」
「お前のせいで、試合がちゃんと見れなかったんだぞ」
「お前はもう球場には連れてかないぞ」
「お前にはプロ野球はまだ早いんだよ」

兄貴たちからの総攻撃を受けて、僕はずっと泣き続けていました。帰りの電車でもしつこく責められたことで、「人生初のプロ野球観戦」は、まったく楽しい思い出ではなく、むしろ辛く、悲しく、苦痛な思い出となっています。

だけど、当時4〜5歳の子どもに3時間以上も集中して野球を見ることはやっぱり無理ですよね。ある程度ルールがわかるようになって初めて、野球は面白くなってきますから。兄貴たちの言うとおり、当時の僕には球場観戦はまだ早かったのかもしれないですね。

原辰徳が主人公の大河ドラマを見る喜び

松本匡史ブームは長くは続かなかったです。

少し野球に詳しくなってくると、僕は原辰徳ファンとなりました。当時、「若大将」として売り出し中だった原さんはホントにカッコよかった。

これは後の話になるけど、90年代に入る頃にはケガもあって、少しずつ原さんの出番が減っていくじゃないですか。あれは見ていて辛かったですね。

やっぱり、僕らの心の中には80年代のバリバリ売り出し中だった頃の若大将の記憶が鮮明に残っているんですよ。でも、90年代になると次々と新たな大物選手や強力助っ人が加入して出番が減っていくわけですよ。だんだん、輝かしかった原さんの光が、少しずつくすんでいくんですよ。

僕にとって、巨人戦を見るということは「原辰徳が主人公の大河ドラマを見ること」なんですね。でも、その主人公がドラマに出ていない。

僕自身の人生には一ミリも関係ないことかもしれないけど、それでも原さんが試合に出ていないと、「あぁ、今日は原さんが出ていないのか……」って、かなり落ち込んだりしましたね。やっぱり、野球はただのスポーツじゃないんです。人生なんですよ。

途中から巨人に移籍した長嶋一茂が、原さんの代打で出てきた試合もあったじゃないですか。「代打、一茂！」と告げたのが、当時の長嶋茂雄監督でした。子どもの頃からの原辰徳ファンとしては複雑な心境になりましたよね。で結局、一茂は凡退。

（原さん、悔しいだろうな……）

あの頃は、巨人ファンとして、原ファンとして、いちばん試練の時期でしたね。

子どもの頃、兄弟そろって『ワールドプロレスリング』も見ていました。当然、僕らのヒーローはアントニオ猪木。どんな劣勢が続いていても、中継終了間際の8時50分くらい

になると、猪木は必ず最後に延髄斬《えんずいぎ》りで勝ったじゃないですか。

でも野球の場合、原はチャンスで打たないし、江川は大事な場面で一発を浴びるし、なかなか思いどおりにならない。そんなところも野球ならではの醍醐味だったんだなって、今なら思うけど、当時は原の凡打は本当に悔しかったですね。

別に不祥事を起こしたわけでもないのに、ものすごくバッシングされているのもイヤでした。後で詳しく話しますけど、松井秀喜がスターになるまでは完全にジャイアンツの歴史は原辰徳が築いてきたのに、そんなことがまったくなかったかのようにみんなで原バッシング。本当に感謝知らずの連中ばかりでイヤになりましたよ、この頃は。

原辰徳から松井秀喜の時代へ

原さんの出番が減っていく頃から、「ジャイアンツの顔」となっていったのが松井秀喜でした。星稜高校時代から日本中の注目を集めていた松井がジャイアンツに入団する。

しかも、ドラフト会議でくじを引き当てたのが、監督に復帰したばかりの長嶋さんですよ。もう、入団時からスターへの階段を上り始めていますからね。

昔、王さんがスターになるときに、荒川博コーチがマンツーマンで指導して、一本足打法を身につけたじゃないですか。で、松井の場合は長嶋さん自ら「四番育成計画」を立てて、みっちりと指導をしましたよね。もう、それだけでドラマですよ。

これは僕の想像ですけど、長嶋さんは松井に対して、技術だけを教えたんじゃないと思うんですよ。間違いなく、「四番の心得」だったり、「プロの矜持」だったり、メンタル面の指導もかなりしたと思うんです。

そうじゃなくちゃ、松井はあれだけの人格者になっていないと思うし、単に成績だけじゃなく、人間としても超一流の人物になれなかったと思うんです。長嶋さんから松井へ、スターとしてのバトンタッチがうまくいったレアケースですよ。

松井と長嶋さんって、かなり年が離れているじゃないですか。でも、松井の偉いところは、きちんと長嶋さんを立てながら、長嶋さんの教えを忠実に吸収したことだと思うんです。高校を出てすぐに、スーパースターからの教えを真剣に受け止めたからこそ、後の松井秀喜は完成したんでしょうね。

僕らナイツが漫才協会に入ったとき、いろいろなベテラン師匠にお世話になりました。こっちは大学の落研を出たばかりの23〜24歳ぐらいの頃で、師匠たちは60代、70代でした。当時は右も左もわからなかった頃だから、師匠たちからの教えもまだちんぷんかんぷんでした。でも、知らず知らずのうちに力になっていったんですよね。

今は数分の漫才をテレビで披露するのが主流になっているけど、僕らは舞台で15分以上の漫才を披露することもあります。若い頃から鍛えられているから、僕らは何の問題もなく長い漫才をできますよ。だけど、舞台経験のない若手は15分も漫才ネタを作ることもできないんじゃないのかな？

僕らは若いときに師匠たちのネタを見たり、舞台で鍛えられたおかげで、15分どころか、20分、30分の漫才だってできます。

同じことは松井にも当てはまる気がします。

ジャイアンツの場合は、誰かが四番になるたびに「歴代第○代目四番打者」と話題になりますよね。でも、松井の場合は長嶋さんから帝王学を伝授された「真の四番打者」だと思うんです。たまたま、打線のめぐりあわせで四番になった「一発屋の四番打者」とはわけが違うんですよ。技術も、精神も、すべてを兼ね備えた「真の四番打者」なんです。

松井以降、僕が心から認められる「真の四番打者」は育っていません。だからこそ、現在の岡本和真には、僕にとっての「ポスト松井」として大きな期待を寄せているんです。

「コトー＝一色紗英」説は誰も共感してくれなかった

ジャイアンツに入団した助っ人外国人にも、忘れられない選手は多いですよね。

詳しくは第3章で触れるけど、僕が芸人になるきっかけとなったロイド・モスビー。ジャイアンツには92年、93年の2年間しか在籍してないけど、強烈なインパクトが残っています。ただ、痩せてて色黒だっただけで「モスビー」と呼ばれていた中学時代が懐かしいです。あとは94年のダン・グラッデンも懐かしいなぁ。1年しかいなかったけど、ヤクルトの中西親志捕手と殴り合いの乱闘を繰り広げて、指を2本骨折しましたよね（笑）。シェーン・マックは95年、96年。この頃の外国人はスラスラと名前が出てきますね。僕にとっての中学、高校時代がいちばん助っ人外国人に夢中になっていた頃なんでしょうね。

特に忘れられないのが94年のヘンリー・コトーですね。

誰にも共感されなかったけど、コトーって一色紗英さんに似てません？

コトーがテレビに映るたびに、「あっ、一色紗英だ！」ってみんなに言っていたんだけど、誰ひとり共感してくれなかったな（笑）。

かつて、関根勤さんが『笑っていいとも！』で素人さんが出演するといつも、「おやつはケーキよりどら焼き派です」とか、「町の消防隊員にいそうな顔」とか、独特の例えをしていたことがありましたよね。僕、関根さん

の例えのセンスがすごい好きだったんですよ。

それで、そのセンスの片鱗を見せたかったんですよね。

たとえば、グラッデンを「ハルク・ホーガンみたいだ」って言っても、確かに似てるけど、あまりセンスは感じないじゃないですか。だけど、「コトーは一色紗英だ」って言ったら、すごくセンスがいい気がしたんですよね、当時の僕にとっては。

後に、「まゆゆはラミレスに似てる」とか、今はロッテの「マーティンが広瀬アリスに似てる」とかよく言われるけど、「コトー＝一色紗英」は、「何となく似ている」の先駆けだったと、僕は今でも思いますね。

全然共感されないのはよくわかっているけど（笑）。

（漫才でも「ジャイアンツネタ」はたくさん作った）

長年にわたって巨人の応援を続けているから、当然、漫才にもジャイアンツネタはたくさんあります。「腹立つなぁ、原辰徳」なんていうのは何度も言っています。

槇原敬之さんが覚せい剤で捕まったとき――。

「槇原寛己は打たれまくっていたけど、槇原敬之は打ちまくっていたんですね。やっぱり、3連発を打ったのかな？」

「巨人の槇原さんが打たれた《バース、掛布、岡田の3連発》じゃないよ」

キャッチャーの杉山直樹が強制わいせつで捕まったとき――。

「それにしても球団の対応は早かったですよね、選手名鑑を見たら、もうすでに《杉山直樹（捕）》って書いてありましたよ。」

「《捕》って、《捕手》のことだよ。《逮捕》の《捕》じゃないよ」

コロナ禍で、当時の安倍晋三首相が「アベノマスク」を国民に配ったとき――。

「あんなアイスホッケーみたいなマスクを2個もらっても困りますよね」

「阿部慎之助のマスクじゃないよ。第一、ポストに2個も入らないだろ」

「ジャニーズ事務所のアイドルのサインをいっぱい持っている」というネタを作ったこ

ともありましたね。「オレ、モッくんのサインを持っているんだよ」って色紙を出したら、そこには「くせ者」って書かれている。

「モッくんって、元木大介だろ。しかも、サインに《くせ者》って書くのかよ」

その流れで、「V6のサインも持っているんだよ」と続けて、よく見たら「V9」メンバー6名のサインで、しかも王さん、長嶋さんのサインがないというネタもありました。

あとは、ミスチルネタもありましたね。

「ミスターチルドレンの話をします」

「今、大人気ですからね」

「一茂が……。三奈が……」

「長嶋茂雄の子どもたちじゃねぇか」

「どんなタイプの子が好きなの？」

「やっぱり、かわいいタイプかな」

「かわいい子はいいですよね」
「それに、自分を犠牲にしてまで人を助ける子」
「かわいくて、犠牲になるタイプって、川相昌弘じゃねぇか」

……他にも、清原和博、松井秀喜などなど、とにかくジャイアンツの選手たちは漫才のネタになりましたね。これは、僕がジャイアンツファンだからという理由もあるけど、他球団の選手の場合は、それほど認知度が高くないから、その選手の説明が必要なんですよ。でも、ジャイアンツの選手の場合は、多くの人がその存在を知っているから説明がいらないんです。そうするとそれはネタにしやすいんですよね。

逆に認知度の高さを逆手にとって、「昨日、ヤホーですごい選手を見つけたんですよ。イチローって言うんですけどね……」って、例の「ヤホー漫才」を作ったこともあります。これは認知度の高さを利用したケースですけどね。

いずれにしても、ジャイアンツの選手は漫才のネタにしやすいんです。そういう意味でも、ジャイアンツには本当にお世話になっています。

塙流「空白の一日」独自解釈論

野球を覚えて夢中になった小学生の頃から、少しずつ深いことが理解できるようになってきた中学生の頃のこと。僕はプロ野球の歴史にも興味を持つようになり、「空白の一日」のことを知りました。

ご存じない方のために簡単に説明すると、江川卓をどうしても獲得したい巨人。そして、どうしても巨人に入りたい江川卓。両者は相思相愛の間柄だったけど、江川は本当にくじ運がなかったんです。

作新学院高校時代の73年のドラフト会議では阪急に1位指名されて入団拒否。法政大学時代の77年ドラフトではクラウンライター（現・西武）に1位指名されてやっぱり入団拒否。江川は1年後のドラフトを待って、アメリカに野球留学することになりました。

福岡を本拠地とするクラウンライターについて「九州は遠い」と言いながら、もっと遠いアメリカで1年間の浪人生活を過ごすことを選んだんです。

で、問題の「空白の一日」です。78年ドラフト会議前日、巨人は突然、江川と契約を結び、「江川は巨人に入ることになった」と高らかに宣言しました。

謎過ぎますよ、まさに謎理論ですよ。

当時の野球協約を盾に、「ドラフト前々日にクラウンライターの交渉権は切れているので、会議前日はどこの球団とも契約できるはずだ」と巨人サイドは主張。当然、他の11球団はもちろん、世間も巨人の主張は認めず、一気に巨人も、江川もヒールとなりました。これに怒った巨人は翌日のドラフト会議をボイコット。巨人不在のまま会議は進み、江川は阪神に1位指名されることとなりました。

結局、すったもんだがあって江川は阪神から巨人にトレードされ、江川の身代わりとなって巨人から阪神に移籍した小林繁は「悲劇のスター」として同情を集めました。

アンチ巨人の人たちは、この一件を理由にして、「だから巨人は汚いんだ」とめちゃくちゃ責めてきます。巨人ファンの中でも、「さすがにやりすぎかな？」と考える人もいるようだけど、僕は全然、そう思わないんです。

確かに、巨人のやってることはめちゃくちゃだと思いますよ。「こじつけにもほどがあるだろ！」と思いますよ。

でもね、一方では「世の中って、そういうもんじゃないの?」とも思うんですよ。「正義か?」「正義じゃないか?」って言えば、正義ではないですよ。それは僕でもわかりますよ。でも、世の中って、必ずしも正義ばかりで進むものじゃないでしょ。日本の政治がまさにそうだけど、清濁併せ呑むことが往々にしてあるじゃないですか? きれいごとだけじゃ何も進まないこともよくあるじゃないですか?

開き直りだと思うでしょ? 屁理屈だと思うでしょ?

開き直りですよ。屁理屈ですよ。

逆に、巨人のおかげで「世の中には裏があるんだ」「世の中は一筋縄ではいかないんだ」って多くの人が学んだんじゃないですか? 世の中はきれいごとばかりじゃないんだし、世の中には表もあれば裏もある。そんなことを巨人から学んだんですよ、僕は。

「空白の一日で巨人のことを嫌いにならないんですか?」って聞かれたことがあります。質問の意味がわかりません。僕はこれまでジャイアンツにさまざまな夢と希望をもらいました。さんざんいい思いをさせてもらっています。「100のいいこと」をもらったのに、「1の悪いこと」のせいで、今までの恩を忘れて切り捨てることができるはずないでしょ。

どんなかわいいアイドルだって、浮気をしているかもしれない。

どんな優秀な政治家だって、実は賄賂をもらっているかもしれない。

浮気も賄賂も悪いことですよ。でも、だからと言って、それでそれまでの功績や恩恵を全否定してもいいんでしょうか？

仲の良かった親友の意外な一面が見えて失望することはあります。でも、僕はそんなに動じることはありません。なぜなら、ジャイアンツで免疫ができているからです。


ちょっと話は逸れるけど、テレビに出て知名度が上がってファンが増えますよね。そうすると何が起こるか？　神格化が起こるんです。

テレビで何か過激なことを言ったとします。すると必ず「塙さんがそんなことを言うなんてショックです」とか、「今まで応援していたけど、もうファンを辞めます」っていう人が絶対に現れるんですよ。

僕らでさえそうなんだから、長年にわたって日本中から注目され続けているジャイアンツナインは、僕らの何百倍も苦しんでいると思いますよ。ちょっとサインをしなかっただけで、「アイツは生意気だ」「天狗になってる」ってバッシングされるじゃないですか。坂本勇人なんて、「アイツはいつも飲み歩いてる」とか非難されるじゃないですか。コロナ禍以前のことなんだから、別にお酒を飲んだっていいじゃないですか。

本当にジャイアンツの選手は大変だと思いますよ。

ただ、僕から言わせたら、「そんな程度でショックを受けて、あなた大丈夫ですか？この世知辛い世の中、無事に生きていけるんですか？」って心配になりますよ。もちろん、「塙さんのひと言にめちゃくちゃ救われました」とか、「ナイツの漫才のおかげで生きる希望が持てました」と言われるのはすごく嬉しいですよ。

でも、そういう人ほど、もしも僕が不祥事を起こしたら、「そんな人だと思いませんでした」「私、もうナイツのことを信じられません」ってなるんですよ。勝手に期待して、勝手に幻滅するんです。それはピュアな証拠だと思います。でも、それだとこの世の中を生き抜いていくことはとても難しい。ある程度、世の中に対する免疫は必要なんです。

だから、もっと肩の力を抜いて、「ナイツの漫才が好きだからファンです」ぐらいの軽いスタンスで応援すればいいんだと思うんですよね。全人格を賭けて応援しようと思うから、ふとしたことで大きなショックを受けてしまう。熱心に応援してくれるのはありがたいんですけど、「もっと気軽に」という思いも大切だと思いますね。

　ジャイアンツに関しても「強いから好きだ」っていうスタンスでいいんじゃないですかね。少なくとも、僕はそんなスタンスです。だから、「空白の一日」に関しても、「なるほど、そういうことがあったのか」って感想を持つ程度です。

　いちいち、そんなことでショックを受けていたらジャイアンツファンはやっていけないですから。

アンチジャイアンツへの反論

　アンチジャイアンツの人たちは、よく「巨人は他球団の四番ばかり集めている」とか、「他球団の有望選手ばかり獲得しているから若手選手が育たない」という意見をしばしば口にしますよね。

　でも、これに関してはひと言、「じゃあお宅もやればいいんじゃないの」という思いしかないですね。だって、ＦＡは誰もが参加できるルールなんですよ。

　普通に企業努力の一環として、「いい選手を獲得して強くなろう」というのは当然のことじゃないですか？　アマチュア野球ならともかく、プロ野球の世界はファンを魅了してナンボなんですから。

アンチジャイアンツの言う「若手が育たない」というのも、ハッキリ言って余計なお世話ですよ。「そこはあなたが心配することじゃないですから」って言いたいですよね。逆に言いたいですよ、「あなたは巨人の若手に育ってほしいの？」って。

むしろ「巨人の若手の心配をする前に、お宅の若手の心配をすればいいのでは？」という思いです。どうして僕が、ここまで強気になれるのか？　理由は簡単です。

坂本勇人、岡本和真がいるから――。

リーグを代表する生え抜き選手が、きちんと定期的に育っているじゃないですか。坂本も岡本も高卒ルーキーとして入団して、着実に実戦を通じて成長してきたんですよ。

坂本は06（平成18）年ドラフト、堂上直倫のハズレ1位。岡本は14年ドラフト1巡目で、ジャイアンツの単独指名ですよ。スカウティング機能も、育成機能も、ちゃんと兼ね備えているじゃないですか。これだけのスターを自前で育てているのに、何で「若手が育たない」って言われなくちゃいけないんですか。

元ヤクルトの宮本慎也さんが、「よく〝巨人は資金力があるから〟って、他球団は巨人を責めるけど、だったら、他の球団も企業努力すればいいんですよ。企業努力をしない言い訳でしかないですよ」とおっしゃっていました。

最高ですね、宮本さん。僕もまったく同じ考えです。

これはお笑いの世界でも、似たような話があるんです。

今のお笑い芸人の世界は吉本興業が圧倒的な影響力を誇っています。で、「テレビは吉本の番組ばかりだ」とか、「吉本芸人ばかりでつまらない」って批判されています。なかには、他事務所に所属している芸人たちも、「オレたちは吉本じゃないから……」とひがんだり、ひねくれたりするヤツもいます。

でも、吉本って、何も悪くないじゃないですか。

吉本の肝煎りで「M－1グランプリ」が始まって、お笑い業界はすごく盛り上がったし、吉本所属じゃない僕らナイツやオードリーだって、M－1のおかげでブレイクできました。これって、完全に吉本のおかげだし、僕らだって食わせてもらっているんですよ。

それに、サンドウィッチマンぐらいの実力があれば、「非吉本芸人」だって、好感度ナンバーワンになれるし、仕事だって殺到するんですよ。

中途半端に売れてないヤツに限って、「事務所に力がないから……」って愚痴る。いやいや、それはお前に実力がないだけだから。

アンチジャイアンツとお笑いの類似点は他にもありますよ。

漫才協会の若手芸人たちの中には、せっかくのチャンスなのに浅草・東洋館に出ようとしない芸人が多いんです。その理由は「お客さんがお年寄りばかりでウケないから」って言うんですよ。

「アホか！」って思いますね。

だって、本当に面白い漫才って、若い人もお年寄りも、どの世代にもウケるんです。たとえばミルクボーイなんて、お年寄りばかりの東洋館で大爆笑でしたよ。本当に面白い芸人はウケるんですよ。でも、ウケない芸人に限って、お客のせいにしたり、環境のせいにしたりするんです。

これはプロ野球の世界でも一緒だと思うんです。

本当に強い球団は、グチグチ環境のせいにしたりしない。文句を言う前に、練習すればいいじゃないですか。実力を磨けばいいじゃないですか。ＦＡで選手を獲ればいいじゃないですか。プロは結果がすべてなんだから、芸人ならばお客さんを笑わせればいいだけ。野球選手なら、結果を残して試合に勝てばいいだけ。

そんな単純なことなのに、結果が出ないことを環境や周囲のせいにしちゃダメでしょ。

さっきの若手芸人の話で言えば、東洋館を避けて自分たちのホームである身内ばかりのライブハウスに出たがるんですよ、そういう連中は。で、お互いに傷をなめ合って、大手事務所や売れてる先輩芸人の悪口を言って満足してるだけ。

まるで、二軍では活躍するけど、一軍ではサッパリ活躍できない一軍半レベルの選手と一緒ですよ。芸人はどんなお客さんでも笑わせることのできる芸を身につけないといけない。プロ野球選手は二軍の打ち頃のボールばかり打つんじゃなく、一軍のスター投手の豪速球にも、切れ味鋭い変化球にも、どちらにも対応しなくちゃいけない。

そこをクリアして初めて一流の仲間入りをするんですよ。

環境のせいにしたり、言い訳ばかり言っているヤツは一生、一流の仲間入りはできない。

「アンチジャイアンツへの反論」だったのに、気がつけば「一流論」「プロ論」になってしまいました。この本は、書店の「スポーツ本コーナー」ではなく、「自己啓発コーナー」に置くべき本ですよ。それぐらいいいこと言ってると思いますよ（笑）。

巨人は球界の盟主であり続けるべきなのか？

長年にわたって、ジャイアンツは「球界の盟主」と言われてきました。

でも、２０１９（令和元）年、そして20年――。

原辰徳監督の下、ジャイアンツはセ・リーグを制覇しました。でも、日本シリーズではジャイアンツＯＢでもある工藤公康監督率いる福岡ソフトバンクホークスに完膚なきまでにやられてしまいました。

２年連続で０勝４敗ですよ！　２年間戦って０勝８敗。一度もソフトバンクに勝てなかったんですよ！　これはさすがの僕でもショックは隠せなかったですよ。

この結果を踏まえて、「巨人はもはや球界の盟主ではない」という意見も、チラホラ耳にするようになりました。でもね、これに対しても「ちょっと待ってくれよ」と僕は言いたいんですよ。

たとえば、80年代から90年代にかけて、広岡達朗、森祇晶監督率いる西武ライオンズが黄金時代を築いたときも、「もう巨人の時代は終わった」って言われましたよね。

今回のソフトバンクの件もそう、かつての西武の件もそう。

いずれも、その比較対象になるのはジャイアンツなんですよ。結局、すべてが「巨人基準」になっているんですよ。要はジャイアンツがあればこその、西武の、そしてソフトバンクの黄金時代なんです。ジャイアンツが「世界基準」である限り、他の球団がいくら栄華を誇っても、「球界の盟主」の座は不動だと、僕は思いますね。

仮にソフトバンクが、ジャイアンツのＶ９を超える10連覇を実現すれば話は別だけど、そうなるのは、あまり現実的じゃないと僕は思いますけどね。

ただ、若干の不安もあります。それはソフトバンクがかなりガチに球界の盟主の座をジャイアンツから奪おうとしている気がするからです。孫正義オーナーは、有言実行の人って感じだから、涼しい顔をしながら実は隙を伺っている気がするんですよね。

もしも、ソフトバンクが福岡を離れて東京に進出したり、東京ドームを丸ごと買収して本拠地にしたりしたら、球界の盟主の座は一気にソフトバンクに移るんじゃないのか？

もしも、そんな事態になったら、僕はすぐにジャイアンツからソフトバンクに乗り換えます。「ヤホー漫才」を手土産に、ソフトバンクファンとして生きていきます（笑）。Ｖ９、そしてＶ10を実現したら、僕は完全にソフトバンク信者となるでしょうね。


先ほど、「若干の不安」と言ったけど、その一方では「揺るぎない自信」もあるんです。というのも、僕の心の奥底には、ソフトバンクの王貞治会長の姿が浮かんでいるからです。王さんと言えば、言わずもがなのＯＮの一人としてジャイアンツが誇る国民的スターです。王さんがいるということは、ソフトバンクは実はジャイアンツの息がかかっている球団なんです。つまり、ジャイアンツ傘下なんですよ。

そうであるならば、別にビクビクする必要もないでしょう。だって、ソフトバンクは「傘下」であり、「弟分」なんですから。

今後のジャイアンツの「あるべき姿」とは？

さっき、「球界の盟主」の話をしたけど、今後のジャイアンツのあり方も、僕はしばしば考えます。僕の中では「ジャイアンツの展望＝日本プロ野球界の展望」なので、ジャイアンツの今後を考えるということは、つまりは日本プロ野球の今後を考えることと一緒です。

今はプロ野球中継がほぼ地上波から撤退して、僕らが子どもの頃のように誰もが野球を見ている時代じゃなくなりました。少子化問題もあるし、グラウンドが減ったことで、少年野球人口も減っているようだし、「野球界の未来は暗い」という考え方もあります。

でも、スポーツの仕組みとして考えた場合、僕は「やっぱり野球は面白い」と思います。スポーツとして、すごくよくできていると思います。

だから、野球界の未来については悲観していません。

ただ、「ジャイアンツ人気」ということに関しては、明るい未来とは言い切れないでしょうね。かつてのV9時代のように、誰もかれもがジャイアンツファンという時代はもう訪れないんじゃないかな？

これだけ地域密着化が進んで、パ・リーグ球団のように北海道、仙台、福岡と日本全国で「おらがチーム」が誕生した今となっては、「日本全国、大人も子どももジャイアンツファン」というのは無理がありますよね。

でも、理屈ではわかっているんだけども、やっぱりジャイアンツにはプロ野球界の盟主として、名実ともにトップであり続けていてほしいんですよね。

コロナ禍で中止になった20年を受けて、翌21年には2年ぶりにオールスターゲームが復活しましたよね。で、驚いたのはその結果ですよ。

ファン投票ではジャイアンツの選手は一人も選ばれなかったんですよ。一塁手部門のゼラス・ウィーラー、遊撃手部門の坂本勇人が2位に選ばれただけで1位は誰もいなかった。僕らの子ども時代からしたら、信じられない出来事ですよ。

それに、ジャイアンツの公式ＹｏｕＴｕｂｅの登録者数も50万人に届いていないんですよ(21年8月末時点)。僕の感覚からしたら、５００万人くらいいても不思議じゃないのに、現実的には全然登録者数が少ない。確実に「時代は変わったんだなぁ」って思いましたね。

もう、「ジャイアンツだから」って、ただ黙って待っていればファンが殺到するという時代は確実に終わったんでしょうね。

野球ファンを増やす一番の近道は「球場に来てもらうこと」だと思うんです。そのためには招待券を配ったり、選手たちが地域の子どもたちや施設の方、障がいのある方を招待したり、オフに野球教室を開いたり、いろいろやることはありますよね。

僕が普段行く床屋さんの息子が２人とも、めちゃくちゃジャイアンツファンなんです。彼らは幼稚園で巨人の帽子をもらったことがきっかけで、巨人に関心を持ったそうです。地道な方法かもしれないけど、確実に効果はありますよね。

だから、これからは大資本を使った「大きい宣伝」と、地域密着型の「地道な戦略」と、この２本立てが必要になってくるんじゃないですかね。

最初に言ったように、僕は小さい頃に「ジャイアンツ教」の洗脳を受けて、いまだにマインドコントロールの呪縛から解放されていません。きっと、生涯このまま生きていくんでしょう。よっぽど、原監督にみぞおちとかパンチされたりしたら、「何だ、原のヤロー」

って、ジャイアンツのことが嫌いになって、小さいときからの洗脳も解けるかもしれないけど、まぁ、そんなことはないですし（笑）。

話はちょっと逸れるかもしれないけど、戦後すぐの時代を生きた人たちは、「日本をよくしよう」と懸命に働き、さまざまな苦労をした結果、日本は本当に豊かになった。で、「こんな苦労は子どもにはさせたくない」という親心で、子どもたちには「なるべく苦労をさせないように」って子育てを頑張った。でも、その結果、苦労知らずの甘えん坊ばかりの世の中になって。「やっぱり、苦労は買ってでもしろ」という時代になった。

何だかこれって、ジャイアンツとそのファンに関しても、同じことが言える気がするんですよね。高度経済成長期には巨人の強さが日本の復興のシンボルだった。みんなが、ジャイアンツを応援して、長嶋さんや王さんに声援を送った。そして、ジャイアンツは前人未到のＶ９を実現した。

でも、もうそんな時代はとっくの昔に終わっているんですよね。

今は「別にジャイアンツだけがプロ野球じゃない」っていう時代だし、他の11球団がそれぞれ個性的で、みんながそれぞれ自分のひいきチームを持っている。そんな時代に「ジャイアンツファンじゃなきゃ野球ファンじゃない」なんて言ったら、誰も共感しないですよ。野球だって、国際化して、もはや日本だけのものじゃないですよね。

それこそ、メジャーで活躍する大谷翔平は世代を超えたスターですよ。ファンの目が海外に向いているのも事実。そんな時代に「ジャイアンツだけが特別だ」というのは、昭和の遺物ですよね。

そんな現状の中で、ジャイアンツは今までどおり、粛々と一生懸命にプレーしていく。個人的にはいつまでも球界の盟主であり続けてほしいけど、特にそんなことを意識することなく、日々のプレーに専念していく。

今の時代は、それでもう十分じゃないんですかね。

第2章

野球としあわせな漫才の関係

（さんま、たけし、タモリを野球選手で例えると？）

――さて、第2章では塙さんが普段からよく口にしている、「あの芸人は野球選手で言えば○○タイプなんですよ」とか、「巨人の○○は芸人で言えば○○だな」という発言がとても面白いので、たっぷりと野球選手を芸人さんに例えていただき、その理由を教えてもらいたいと思います。

いいですね。普段から考えていることだし、ネタ帳にもいろいろメモしているので、スラスラ出てきますよ。僕は野球選手はもちろん、芸人さんも大好きなんで、「○○と○○は似ているな」って考えるのが大好きだし、日常なんですよ。さて、まずは誰からいきましょうか？　ひとまず、野球選手を芸人に例えたり、逆に芸人を野球選手に例えたり、話の流れに応じて考えてもいいですか？　最初はやっぱり、基準が必要なんで、お笑い界の「ビッグ3」からいきましょうか。

――ビートたけしさん、タモリさん、明石家さんまさんの「ビッグ3」ですね。

「ビッグ3」で最初に頭に浮かんだのが、さんまさんなんですよ。華があって、明るくて、そこにいるだけで周りの人が笑顔になる。そうなると長嶋さんしかいないですよね。「明石家さんま＝長嶋茂雄」説。これは誰からも異論がないんじゃないのかな？　あと、「二世」として「ＩＭＡＬＵ＝長島三奈」でお互いのお嬢さんも世間で知られているしね。

――なるほど。ではたけしさん、タモリさんは誰になるでしょう？

これもあまり悩まずにすぐに決まりましたよ。「ビートたけし＝野村克也」、そして「タモリ＝王貞治」ですね。

――大御所、大物、偉大な人物という点では何も異論はないです。では、その理由を教えてください。

たけしさんって、「芸人」「漫才師」という視点で見たときに、誰も何も言えないほどの実績を残しているじゃないですか。もちろん、野村さんも戦後初の三冠王に輝くなど、選手としての実績も申し分ない。それに、たけしさんもノムさんもお互いに「監督」としての実績もすごいですよね。さらに決め手となったのが「たけし軍団」の存在ですよ。

――ノムさんにとっての「たけし軍団」っていましたっけ？

もちろんいますよ、「野村再生工場」ですよ。たけし軍団って、なかなか売れなかった芸人、芽が出なかった人をたけしさんが引き取る形でテレビタレントとして活躍できる存在に引き上げたじゃないですか。野村さんも、他球団をお払い箱になった選手の埋もれていた才能を掘り起こして、選手としてひと花咲かせましたよね。たけしさんもノムさんも、人材育成という点では超一流だと思いますね。

――確かにそうですね。俄然、面白くなってきました（笑）。タモリさんは王さんですか。

長嶋茂雄、野村克也ときたら、もう王さんしかいないでしょ。

――「タモリ＝王貞治」説ですね。その心は？

王さんは８６８本で、ホームランの世界記録を持っていますよね。で、タモリさんは『笑っていいとも！』で単独司会者による生放送８０５４回の世界記録を持っているんです。ギネス世界一に認定されているんです。いまだに破られていない、そしてこれからも破られることのない大記録の持ち主なんです。

――「王さん＝タモリさん」とは意外な組み合わせでした。他に理由はありますか？

お互いに謙虚で物静かな人柄で、そして後輩たちから強く慕われている。さらに、一本足打法で投手と対峙し続けた王さんと、マイク一本で生放送に挑み続けたタモさん。ね、両者の姿はかぶるでしょ？

――塙さんの弁舌のうまさもあるけど、「王さんはタモリさん以外にあり得ない」という

気になってきました（笑）。「長嶋＝さんま」「野村＝たけし」「王＝タモリ」と、基準となる三名が決定しました。以降は、これを基準にお話を伺っていきます。次は誰にしましょうか？

次はカネやんをいきたいんですよね。伝説の４００勝投手。令和の時代を生きる僕らとしたら、「４００勝」なんて信じられない数字ですよね。そして金田さんはご自分で「ワシは１６０キロを投げた」とか言ってたじゃないですか。

――言っていましたね（笑）。当初は１５０キロだったのが、気づけば１６０キロになり、１７０キロになり、年々「記憶のアップデート」がなされていましたから。その金田正一さんに匹敵する芸人さんって、誰になりますか？

僕にとって「芸人界のカネやん」っていうと、やすきよなんですよね。

――漫才界のレジェンド、横山やすし、西川きよしの「やすきよ」ですか！　なるほど、一人の選手をコンビに例えるのもアリなんですね（笑）。

アリです（笑）。いまだに「やすきよの漫才はすごかった」って、昔を知る人はみんな言うじゃないですか。そのスピード感も群を抜いていたというし、まさに１７０キロを投げるカネやんですよ。

――カネやんの破天荒な感じと、やすしさんの無頼のイメージも重なりますしね。

まさに、そう。ともに神格化されているという部分も似ていると思いますね。楽しくなってきましたよ（笑）。どんどんいきましょう。

（「ボケはバッターで、ツッコミはピッチャー」）

――「オレ流」でおなじみ、孤高の天才・落合博満さんは誰ですかね？

落合さんはね、昔から「島田紳助さんっぽいなぁ」って思っていたんですよ。それぞれ、従来の業界の因習に引っ張られることなく、自分の道を貫きましたよね。そして、紳助さんがM－1を創設したのって、若手のモチベーションアップや業界の活性化など、お笑い界全体のことを考えていたと思うんですよね。落合さんも、「オレ流」という独特のセンスを持ちながら、野球界を変えていこうとしていたと思うんですよ。選手たちの待遇改善のためのFA権の行使とか、年俸調停とか、自分なりの業界の健全化を目指したんじゃないのかな。切れ味の鋭さとか、僕の中では「落合博満＝島田紳助」なんですよ。

（……ここで塙、多くの野球選手、芸人の名前がたくさん書かれたネタ帳を取り出す）

――おっ、ネタ帳ですね。めちゃくちゃ細かい字でビッシリと書かれていますね。せっかくなんでどんどん発表してください。

次は「山本浩二＝島田洋七」説。ホームラン王と言えば王さんの独壇場だったけど、広島が生んだ長距離砲として実力を存分に発揮した人ということで、イメージがかぶるんですよね。全盛期には日本武道館を満員にしたＢ＆Ｂって、誰もが認める実力を誇りながら、冠番組を持っていたイメージがないんですよ。だから、本来の実力よりも評価が低いというのか、広島の大スターだけど全国的な認知度はちょっと劣るという。そんな感じなんですよね。

――Ｂ＆Ｂと言えば、広島名物「もみじ饅頭」のギャグも思い出しますね。洋七師匠の相方である洋八さんはいかがですか？

洋七師匠が浩二さんなら、洋八師匠は衣笠祥雄さんっていうことになるのかな？　穏やかな性格だし、顔もゴリラっぽいからそれでいいかな？　……正直、国民栄誉賞の衣笠さんと洋八師匠とじゃつり合いが取れない気もするけど、まぁいいでしょう（笑）。

――大事な人がまだ出てきません。塙さんにも多大な影響を与えたダウンタウンはいかがでしょう？

松本人志さんはイチローでしょう。前人未到の存在、誰もマネできず、誰も追いつけない存在。今、野球をやっているプロ選手でイチローの影響を受けていない人は誰もいないですよ。走攻守すべてにトップで、自分の世界を頑なに崩さない。それって、まんま松本さんじゃないですか。これも異論はないんじゃないのかな?

――もちろん、異論はないです。では、相方の浜田雅功さんは?

イチローと時代は異なるんだけど、僕の中では「ツッコミ＝ピッチャー」なんです。で、浜田さんは江夏豊なんですよね。それも、現役中盤以降の巧みな投球術を駆使していた広島や日本ハム時代の江夏さんでもあり、キャリア前半の剛速球でグイグイ押していた阪神時代の江夏さんでもあるんです。

――いろいろ聞きたいことはありますが、まずは「ツッコミ＝ピッチャー」という理由を教えてください。

たとえば、「うるせぇ、お前!」っていうのは僕にとってはストレートなんですよ。で、優しくマイルドなツッコミが変化球のイメージなんです。あるいは言葉ではなく、何も言わずに頭を叩いたり、黙ったまま蹴りを入れたりするのもある意味では変化球なんですよ。ツッコミの基本は速いストレートとカーブがあれば、十分成り立つんです。

――少し整理させてください（笑）。「なんでやねん！」のようなオーソドックスな言葉のツッコミをストレートだとしたら、言葉ではなくどついたり、無視したり、何かに例えたり、ボケに対してボケで返したり、あえてボケに乗った上でツッコむノリツッコミだったり……、そうしたさまざまなツッコミが変化球だということですか？

まぁ、簡単に言えばそういうことです。たとえば、僕はくりぃむしちゅーの上田晋也さんはダルビッシュ有だと思っているんですよ。「違うわ！」「バカか！」みたいな、シンプルな剛速球のツッコミを持ちつつ、「産婦人科で処女を探すより難しいよ！」「お前は器が小さいよ、台湾の料理か！」みたいな絶妙な例えツッコミもできる。これは僕にとっては七色の変化球のような超一流のツッコミなんです。ね、まるでダルビッシュじゃないですか。あれだけ速いストレートを誇りながら、それぞれ精度の高い変化球も放れるのは、ダルビッシュぐらいしかいないですよ。

――なるほど。ツイッターでも「上田晋也のたとえツッコミ集」というアカウントがあるぐらい、実に多彩な例えツッコミをしていますよね。

だから、最近の若手は上田さんに憧れて例えツッコミを多用したがるのが多いんですよ。でも、それって基本のストレートもなってないのにひたすら球種だけを増やそうとしているのと一緒で、結局は中途半端なんです。まずはストレートとカーブだけで三振を取れるかどうかなんですよ。その点、浜田さんのツッコミは天下一品なんですよね。

――そこで浜田さんとつながるのか（笑）。

僕が言う「変化球」とは、いろいろな言葉を駆使してツッコむタイプなんです。今言った上田さんとか、南海キャンディーズの山ちゃん（山里亮太）とか、フットボールアワーの後藤（輝基）さんとか。でも、浜田さんの場合は言葉のセンスで勝負するんじゃなくて、どストレートに「やかましいわ！」とか、「こいつアホや」って、シンプルな言葉だけできちんと笑いを生み出している。最近ではおいでやす小田くらいじゃないですか？　彼のツッコミを見たときには「ずいぶん、速い球を投げるな」って思ったし、「コイツはまったく変化球を投げないぞ」って面白く感じましたね。同時に「肩壊すだろ、お前」とも思ったけど（笑）。とにかく、正統派で本格派のツッコミができるのが浜田さんなんです。

（張本勲も桂文枝も、コツコツ数字を積み重ねるご意見番）

――他に大御所芸人さんに例えられる選手はいますか？

（笑福亭）鶴瓶さんは完全に福本豊さんですね。鶴瓶さんって、実績もキャリアもとてつもない大御所なのに、決して偉ぶらないし、大御所なのに近寄りやすいじゃないですか。それって、国民栄誉賞の話が来ても「立小便ができなくなるから」という理由で辞退する福本さんと重なるんですよね。以前、鶴瓶師匠が主催する「無学の会」に出させてもらったことがあるんですけど、そのときも鶴瓶師匠が自ら運転して、僕を助手席に乗せながら送ってもらいましたよ。全然大御所っぽく感じさせない人当たりの良さはまさに福本さん。あとは、（桂）文枝師匠は張本勲さんですね。

——以前の桂三枝師匠ですね。その理由は？

文枝師匠は「関西のご意見番」として、いまだに大きな影響力を持っているし、張本さんは『サンデーモーニング』でのコメントがいつもネットニュースになるほどの注目を誇っている点ですね。それに、文枝師匠は『新婚さんいらっしゃい！』を50年以上やっていて、放送回数もすごいことになっていると思うんです。それはまさに、通算３０８５安打の張本さん並みの大記録だと思うんです。

——今、ググってみたら、『新婚さんいらっしゃい！』は２０２１（令和３）年５月の時点で２５５０回以上も放送されているようです。

ね、まさに「桂文枝＝張本勲」説は立証されましたよ。張本さんは浪商出身なので大阪とも関係があるし。めちゃくちゃ楽しいですね、勝手に例えるの（笑）。あとは、上沼恵美子さんですね。

――女性の登場ですか。上沼さんは誰がふさわしいですかね？

上沼さんは間違いなく星野仙一さんですよ。そこにいるだけで、周囲がピリッと引き締まる。Ｍ－１の審査員でもご一緒しますけど、上沼さんは絶対に欠かせない存在ですね。僕なんか、自分も評される立場でもあるから、あんまり強く言えないこともあるんだけど、上沼さんは思ったことはズバリと言うし、そこに愛情があるから嫌な感じがしないんです。そこにあるのは「ハッキリ言ったほうが番組も盛り上がる」というサービス精神なんです。マヂカルラブリーが優勝してブレイクしたのも、上沼さんとのやり取りが伏線となっている部分がかなり大きいと思いますね。で、星野さんがめちゃくちゃキレたりしていたのも、ファンの目を意識していた部分もあったような気がするんですよね。

――納得の理由ですね。

それに、ものすごい闘争心があるところも似ていますね。上沼さんって吉本出身じゃないから、「絶対に吉本に負けるもんか」っていう気持ちがとても強かったと思うんですよね。

それって、まんま星野さんの「打倒巨人」と同じですよ。

――とんねるずのお二人はどうなりますか？

貴さん（石橋貴明）は清原和博、憲さん（木梨憲武）は桑田真澄ですね。清原、桑田のKKコンビもとんねるずさんも、同時代に高校卒業後すぐにスターの仲間入りしましたよね。あの当時の勢いって、清原も桑田も、貴さんも憲さんも、誰にも止められなかったですよ。最初は貴さんのインパクトが強烈でブレイクしましたよね。でも、長年の活動を通じて、憲さんの芸術家的なセンスも評価されていったと思うんです。それって、KKもまったく一緒で、最初は清原の豪快なホームランばかりが注目されていたけど、次第に桑田のクレバーさが知られていくにつれて、「桑田すげぇー」ってなっていきましたから。

――地上波のレギュラー番組がすべてなくなって、苦境に陥った貴さんがYouTubeに活路を見い出している点も、清原さんとかぶる気がします。

あれだけ才能があって実績もあるのに、ギャラが高いせいなのか不景気のあおりを食っているのも、高額年俸がネックでオリックスに移籍した清原さんとかぶりますね。でも、お互いにものすごい登録者数で、YouTubeでも成功を収めているのはさすがだと思います。

——ダウンタウン、とんねるずが決まりました。となると、マセキ芸能社の先輩であるウッチャンナンチャンはいかがでしょうか？

僕にとって、内村（光良）さんは原辰徳なんですよ。ウンナンさんって、ずっと「東京のリーダー」という感じなんですよね。特に内村さんは現在の『世界の果てまでイッテQ！』とか、かつての『内村プロデュース』とか、若手芸人のリーダーのイメージが強いんです。野球界で「東京のリーダー」と言えば原監督しかいないでしょ。それに「若大将」のイメージも、内村さん、原さん、共通しているんですよね。

——相方である南原清隆さんは誰になりますかね？

南原さんはかなり悩むんですよね。で、さんざん考えたんだけど、「南原清隆＝小久保裕紀」説を取りたいと思いますね。南原さんって、お笑いにストイックなんです。いや、お笑いというより、芸事にとってもマジメなんです。ちょうど、僕らが事務所に打ち合わせに行くと、『ヒルナンデス！』終わりの南原さんも事務所にいることが多いんですけど、いつも何かのネタを作っていたり、ギターをやられたり、落語の練習をしているんです。その姿は人に隠れて黙々とバットを振り続ける小久保さんの姿と一緒なんですよ。小久保さんが影で猛練習する姿は見たことないですけど（笑）。

――じゃあ、ダウンタウンは「松本＝イチロー、浜田＝江夏」で、ウンナンは「内村＝原、南原＝小久保」ですね。

なかなかいい例えだと思いますね、我ながら（笑）。

（「共感されないかもしれないけど、秋山幸二は関根勤」）

――ネタ帳には他に、どんなことが書かれていますか？

ここからは、「なかなか共感されないかもしれないけど、僕としてはしっくりくるケース」を続けて挙げていきましょうか？

――いいですね。読者のみなさんにも、個人的に納得できるかどうか、共感ができるかどうかを意識しながら読み進めてもらうことにしましょう。

まずは「秋山幸二＝関根勤」説からいきましょう。秋山幸二って80年代に「最もメジャーリーガーに近い男」って言われていたように、バッティングはもちろん、走力もあるし、肩も強いし、何をやっても万能だったじゃないですか。関根さんって、小堺一機さんとのコンビで「コサキン」のときはメチャクチャ自由に振る舞っているけど、一人のときは司会もこなせるし、「カンコンキンシアター」ではコントもすごく上手で、独自のモノマネも最高ですよね。関根さんのお笑い身体能力って、かなり高いんですよ。その辺りは、完全に秋山幸二とかぶるんですよね。

――いいですね〜。塙さん独自の世界観が出てきました（笑）。他はどうですか？

じゃあ、「野茂英雄＝加藤浩次」説はどうですか？

――ホントに意外な組み合わせです。ぜひ、理由を教えてください。

野茂さんって、近鉄に楯突いて、世の中の反対ムードを押し切ってまで「メジャーリーガーになりたい」っていう自分の夢をかなえましたよね。これって、極楽とんぼ・加藤さんの「吉本興業への反乱」とかぶるんですよね。それに芸人が帯でワイドショーの司会をやるっていうのも、実はすごいことなんですよ。以前、紳助さんが報道番組の司会をしていたこともあったけど、帯でやるのはすごいことなんですよね。今は南原さんとか、バナナマンの設楽（統）さんとか、麒麟・川島（明）さんとか、多くの芸人が帯のＭＣをやってるけど、『スッキリ』で加藤さんが道を拓いた気がするんです。その点はまさに野茂さんと一緒でしょ。

――一匹狼的なところも似ている気がしますね。

そうなんですよ。加藤さんって、吉本のＮＳＣ経由じゃなくて、サラリーマンから東京ヴォードヴィルショーを経て吉本入りしているんです。完全な一匹狼というか、人と群れない我が道を行くところも似ていると思いますね。

――塙さんの説明を聞いていると、本当にその気になってきますね（笑）。

これはどうですか、「前田智徳＝有吉弘行」説！

――これは納得できる気がします。有吉さんは大のカープファンだし。有吉さんも、前田さん同様、群れない感じがするし。

有吉さんって、若手の頃に猿岩石で大ブレイクしたけど、その後は不遇の時代を経て、そこから再ブレイクして今に至りますよね。前田も、若い頃から「天才」と言われつつも、アキレス腱の断裂によってかなり苦労したじゃないですか。この点が有吉さんと前田がかぶるんですよね。有吉さんって、ひと言の破壊力がハンパないんです。言葉数は少ないけど、そのひと言が必ず笑いを誘うんです。

――品川庄司・品川祐さんのことを「おしゃべりクソ野郎」と評したり、タモリさんのことを「昼メガネ」と呼んだり、あだ名をつける天才ですもんね。

そうなんです。前田も好球必打というのか、一球で確実に仕留めるじゃないですか。そういうところが、この2人は共通するんですよね。それに、現役時代の前田って「孤高の天才」的な存在で、どんな性格の人か見えなかったけど、現役引退後に解説者になってから人間臭いところが見えてきた点も有吉さんっぽくないですか?

——え、どういうことですか? 有吉さんは元々、人間臭いところもあったような気がしますし、いまだに現役バリバリですけど。

いやいや、夏目三久さんと結婚してから、かなり変わりましたよ。結婚後は少し家庭のことを話したり、人間臭さも出てきたりしましたからね。続いて、これは自信があるんですよ。「柳田悠岐=ロバート・秋山」説。これは会心作ですね。

——納得できるような、意外なような気がしますが、どんな理由からですか?

今の現役バリバリ世代で、何でもこなせるお笑いモンスターって、間違いなくロバートの秋山(竜次)さんですよ。フリートーク強い、大喜利強い、コントは天才的。『クリエイターズ・ファイル』とかヤバいですから。

——秋山さんが架空のクリエイターになり切ってドキュメント形式で密着する一連のシリーズですよね。男性だけでなく、女性にも扮して、いかにもいそうないかがわしい架空の業界人を演じる。あれ、最高に面白いですよね。

あんなことできるの秋山さんしかいないですよ。で、野球界を見渡してみたときに当てはまるのはギータだけですよ。打球の飛距離はハンパない、守備範囲はめちゃくちゃ広くて肩も強い。おまけに足も速い。トリプルスリーは当然の活躍ですよね。ナチュラルに全ジャンルに破壊力があるのは、お笑い界では秋山さん、野球界ではギータ。それしか思い浮かばないですね。

国民的スター・大谷翔平はサンドウィッチマン

――じゃあ、第七世代など現在テレビで大活躍の超売れっ子芸人だといかがですか？

第七世代の前に、現在のお笑い界の中心である、千鳥やかまいたちを先に決めたほうがわかりやすいと思うんですよ。で、千鳥は鈴木誠也ですね。今、日本のバラエティー番組の中心は千鳥ですよ。そういう意味では、東京オリンピック・侍ジャパンの四番である鈴木誠也じゃないのかな？　さっき、「ツッコミはピッチャーで、ボケはバッター」って言ったけど、鈴木誠也の肩の強さ、守備のうまさって、ノブくんの巧みなツッコミとかぶるし、破壊力のあるバッティングは大悟的なボケだし。ノブ&大悟の2人、千鳥というコンビで鈴木誠也という感じがしますね。

――では、かまいたちは誰が適当でしょうか？

次世代の四番候補ということで言えば、「村上宗隆＝かまいたち」説が、僕にはピッタリとハマりますね。ただね、これも悩ましいところなんですよ。

――どういう点が悩ましいんですか？

村上って、まだプロ4年目の21歳でしょ。しかも、清原の史上最年少記録を塗り替える史上最速100号も達成した。恐るべき若者ですよ。となると、芸人で言うと、まんま霜降り明星なんですよね。

――確かに、霜降り明星感もありますね。村上はかまいたちなのか、霜降り明星なのか？　いずれにしても、人気者で実力者であることは確かですね。

でも、ここは日本の将来の四番候補として、かまいたちにしましょうか。で、霜降り明星は粗品が山本由伸、せいやが吉田正尚かな？

――おぉ、奇しくも霜降り明星の２人はともにオリックス選手となりました。２人ともオリックスファンだからちょうどいいかもしれないですね。

東京オリンピックでもそうだったけど、山本由伸って、今の日本人ピッチャーの中で圧倒的な実力を誇る若手ですよね。力でねじ伏せることができるのは天才的な粗品の笑いに近いものがあると思いますね。一方の吉田正尚は小さい身体で、どんどん振り回すじゃないですか。せいやの芸風も、小さい身体を目いっぱい使って、全身で笑わせにくる。その点が重なるんですよね。

――村上宗隆、山本由伸、吉田正尚、いずれも日本の誇る傑物ですもんね。かまいたちも霜降り明星もめちゃくちゃ面白いし納得です。それ以外はいかがですか？

ずっと考えていたのは「大谷翔平は誰なんだろう？」ということなんです。前人未到の大活躍を続ける大谷に該当する芸人はいるのかと考えたときに、僕の中では「いない」という結論に達したし、これまでにそんな発言をしたことがあるんだけど、最近考えをあらためて、大谷にふさわしい芸人を見つけました。

――大谷に匹敵するスーパースターとは誰ですか？

大谷翔平はサンドウィッチマンです。理由としては「コントと漫才の二刀流」がどちらも群を抜いて超一流であること。お年寄りからお子さんまで、誰からも愛される国民的人気を誇っていること。両者とも東北出身であること。僕のイメージではゴールデンの冠番組って、野球で言えばメジャーリーグなんです。地方局の冠番組が3Aで、キー局のゴールデンに出るようになって初めて一軍に上がったみたいな。そこで自分たちの冠番組を持つことが、ある意味ではメジャーデビューみたいな。実はサンドウィッチマンは松井秀喜と悩みに悩んだんですけど、ここは大谷翔平＝サンドウィッチマンということにしましょう。

――確かに松井さんも国民的スターであることは間違いないけど、「二刀流」となると、ちょっと根拠が薄いかもですね。じゃあ、松井さんはどうしましょうか？

ここで出てくるのが志村けんさんですね。「松井秀喜＝志村けん」説、これ、意外とよくないですか？

――誰からも愛される国民的スターとしてしっくりきますね。

最初、「志村さんはクロマティでもいいかな」って思ったんです。僕が子どもの頃、クロマティの子ども人気はすごかったですから。でも、やっぱり「格」のようなものを考えると、ここは松井秀喜のほうがいいでしょうね。第1章でも触れましたけど、原辰徳が現役引退した後、僕の中ではジャイアンツを背負ってくれた恩人だし、松井の引退後、しばらくの間、「松井ロス」でとても寂しかったですからね。今でも志村さんを慕っている芸人は多いし、ファンの方もとても多いと思いますし……。

〔山本由伸は粗品なのか、ゆりやんなのか？〕

——野球界で言えば「松坂世代」、お笑い界で言えば「第七世代」など、世代で考えてみると、どんな組み合わせが生まれそうですか？

そこが難しいんですよ。現在のお笑い界を席巻している第七世代と松坂世代を重ね合わせて考えてみると、「松坂大輔＝霜降り明星」説とか、「清宮幸太郎＝四千頭身」説、「根尾昂＝かが屋」説、「山本由伸＝ゆりやんレトリィバァ」説とか、いろいろ頭に浮かんだんだけど、「ホントにそれでいいのかな？」っていう気もしてきて、その他の人たちがどうもしっくりこない。それで、頭を悩ませているんですよね……。

——世代のリーダーである松坂大輔と霜降り明星は、ジャストフィットという感じがする

んですけど、清宮幸太郎や根尾昂、山本由伸についてはその理由がよくわかりません。それに、さっき「山本由伸＝粗品」って言っていましたよ（笑）。まだ迷っているところだとは思いますが、その根拠だけでも教えてください。

清宮幸太郎って、高校時代から注目されていて「清宮世代」って言われるぐらいに世代のリーダーだったじゃないですか。でも、プロ入り後は伸び悩んで、今では完全に村上宗隆に抜かれていますよね。それって、四千頭身とまんまかぶるんですよ。出始めの頃は後藤（拓実）くんの独特なキャラクターもあって注目を浴びていたけど、伸び悩みもあって最近では彼がツッコミからボケになったり、完全にお笑いフォームを崩してるんですよ。その点が清宮のイメージなんですよね。

――ドラフト時の注目度を考えると、プロ４年目を迎えてもいまだ伸び悩んでいるのが清宮ですね。

お笑いでも、ハイスクール漫才で優勝して鳴り物入りでデビューした若手が伸び悩むことはよくあるんですけど、まさに清宮も四千頭身もそんな感じなんですよ。それは根尾くんもそうですよね。実力はあるんです。でも、もう一つ殻を打ち破れない。みんなの期待の割には成果が伴っていない。それは芸人で言えばかが屋なんですよね。ネタは面白いし、芸人同士の評価も高いのに、いまだ大きな成果を手にしていない。いつか花開くのか、それとも今の状態のまま過ぎてしまうのか、正念場にあると思いますね。

——では、「山本由伸＝ゆりやん」説は？　侍ジャパンのエースが、まさか女性芸人に例えられるとは想像もしていませんでした。

まず、山本由伸は誰もが認める現時点での日本のエースですよね。その実力は誰も何も疑わないはず。ストレートにしても、変化球にしても、超一級品ですよね。で、第七世代で言えば、霜降り明星とゆりやんが圧倒的に群を抜いているんです。特にゆりやんは誰も見たことのないボケをバンバン繰り出してくる。まさに、山本由伸のストレート並みなんですよ。で、ゆりやんは英語もしゃべれる帰国子女だから海外でも通用します。山本由伸だって、すでにメジャーレベルですよ。マウンド上、舞台上での堂々とした振る舞いも含めて、僕にとっては「山本由伸＝ゆりやん」はかなり自信のある見立てですけどね。

——いやいや、先ほど「山本由伸＝粗品」説があったじゃないですか。「せいや＝吉田正尚」説と合わせて、「オリックスつながりでいいですね」って言ったばかりですよ（笑）。

そんなこと、言いましたっけ？　じゃあ、粗品でいいですよ。粗品でいいでしょ。

——そんな投げやりにならなくても（笑）。他に第七世代で誰か思い浮かびますか？

ぼる塾なんかは、「ぼる塾＝佐藤輝明」説を提唱したいですね。

——まさかの阪神のゴールデンルーキー。しかも、女性トリオですか！

シーズン途中までホームランを量産してきた佐藤輝明の破壊力ってハンパないですよね。ぼる塾も、ものすごい破壊力を持っているんですよ。佐藤輝が三振を怖がらずにどんどん振っていくように、ぼる塾も浜田さんのツッコミにもまったく臆せずにどんどん向かっていくんですよ。この点は両者に共通しているんですよね。

——いちいち納得ですけど、先ほど言っていた「悩んでる」理由は何ですか？

霜降り明星ですよ。山本由伸、吉田正尚のオリックスの2人って迷いもあるけど、「松坂大輔＝霜降り明星」も捨てがたい。でも、一方では「世代リーダー」である点は共通だけど、松坂大輔はもっといい例えがあるんじゃないのかなって気がするんですよ。で、やっぱり、松坂は霜降り明星じゃなくて、NON STYLEでいいですか？ いろいろ考えた結果、NON STYLEが一番フィットする気がするんですよね。

——これもまた意外な人選ですね。

NON STYLEの漫才って、万人受けする漫才なんです。そして、賞レースに強いんです。僕らナイツやオードリーはM－1で善戦はしたけど優勝はできなかった。年末の本選前にいろいろテレビに出ていたことで新鮮味がなくて、すでにネタを知られていたんです。でも、ＮＯＮ ＳＴＹＬＥの場合は大会本番まで、そこまで多くの露出がなかった。もちろん実力もあるんだけど、そうした運も重なって優勝したんです。いちばんいい状態で本選に臨むことができた。やっぱり、運がないと優勝はできないですから。ＮＯＮ ＳＴＹＬＥには勝ち運があるんですよね。

——高校時代には夏の甲子園決勝でノーヒットノーランをやったり、ＷＢＣでは二大会連続ＭＶＰに輝いたり、松坂大輔は「持ってる男」でしたからね。

そういう点がＮＯＮ ＳＴＹＬＥと松坂大輔が重なるんですよね。『ザ・ドリームマッチ』って番組があるじゃないですか。

——お笑い芸人たちをシャッフルして、即席コンビでネタを披露しあうＴＢＳの恒例特番ですね。

あの番組で、僕はノンスタの石田（明）くんとコンビを組んで優勝したんです。石田くんはオードリー・若林（正恭）とのコンビでも優勝している。石田くんには、優勝する実力と勝ち運と、冷静な分析力があるんです。松坂の場合も、甲子園でも、西武でも、レッドソックスでも、ＷＢＣでも優勝経験があるじゃないですか。それに、井上（裕介）くんも松坂と共通項があるんですよ。

――どんな共通項ですか？

井上くんは2016（平成28）年に道交法違反で書類送検されているじゃないですか。松坂も若い頃、免停中に無免許運転、駐車違反で球団職員の身代わり出頭でトラブりましたよね。お互いに自動車関連の不祥事があるんですよ。

爆笑問題・太田光は古田敦也か、工藤公康か？

――あとは、思いつくままにどんどん挙げていきましょうか？

まずは「秋山翔吾＝ミルクボーイ」説ですね。秋山翔吾は日本プロ野球の最多安打記録を作りました。ミルクボーイはM－1史上最高得点をたたき出しました。で、秋山はプロ入り以来、コンスタントに成績を残し続けました。ミルクボーイはM－1優勝でブレイクしたように見えるけど、実はあのスタイルはずっと前からやっていて、舞台ではスベり知らずだったんです。マジメでコツコツタイプの人柄も含めて秋山＝ミルクボーイです。

――ミルクボーイの「コーンフレーク」は最高でしたもんね。他はいかがですか？

次は「甲斐拓也＝川島明」説です。僕が考える、現役ナンバーワンキャッチャーって、ソフトバンクの甲斐拓也なんですよ。キャッチングは上手い、「甲斐キャノン」という言葉があるように送球がめっちゃ速い。試合を見事にコントロールできる。これらの要素がすべて、麒麟・川島さんにも当てはまるんですよ。

——番組をコントロールする司令塔的な？

そうです。川島さんがゲストのときは、とにかく受けが上手なので司会者は安心するはずですよ。自分でMCをするときは、ゲストに上手に話題を振って、完全に番組をコントロールしています。また、返しがとても速いんですよ。まさに「川島キャノン」！　だから、僕の中では「名MC＝名キャッチャー」という印象が強いですね。

——他に「名MC＝名キャッチャー」の例はありますか？

東野幸治さんは谷繁元信かな。目立った個人タイトルはなくても、長い間、第一線で試合を、番組をリードしている点が似ていると思いますね。そうなると「古田敦也はどうなるんだ？」ってなるけど、古田さんは迷うんですよ。いろいろ考えると、「古田敦也＝爆笑問題・太田光」説も頭に浮かんだんですけど……。

——どういう点で、両者は似ているんですか？

誰よりも「たけしイズム」を色濃く引き継いでいる太田さんと、「野村ID野球の申し子」と言われた古田さん。東京漫才のトップであること、プロ野球選手会のトップとして球界再編騒動に立ち向かったこと。太田さんも古田さんもめちゃくちゃ頭の回転が速くて、ともに理論派であること。こうした点から「古田＝太田」説も浮かんだんですけどね……。

――何か歯切れが悪いですね。納得いかない部分があるんですか？

そうなると、相方である田中（裕二）さんがどうなるかなんですよ。「古田の名パートナー」ということで、高津臣吾かなという気もするんだけど、それっぽい理由が浮かばないし（笑）。やっぱり、「古田＝太田」説はナシということにしていいですか。

――別に構わないですけど、じゃあ爆笑問題のお二人は「該当者ナシ」にしますか？

それも悔しいですよね。じゃあ、「工藤公康＝太田光」説、そして「山本昌＝田中裕二」説ということにします！

――唐突ですね（笑）。その理由は何でしょうか？

両者は誰よりも現役にこだわり続けている点ですね。爆笑問題さんはMCになった今でも、漫才にこだわり続けているじゃないですか。そのスタイルも時事ネタ一本。これはカーブにこだわり続けた工藤、スクリューにこだわった山本昌のスタイル、生き方とも相通じますから。自分の武器を持つと長生きできる。そんな感じがしますよね。あと、工藤、山本昌、ともにスピードが衰え始めた晩年の姿と、今の爆笑問題さんの姿も重なりますね。

――今の爆笑問題にも衰えを感じつつあるということですか？

いやいや、そんなことじゃないです。昔と違ってコンプライアンスが厳しくなった今、毒を吐くのはすごく難しくなったんですよ。それって、ピッチャーで言えばストレートの球速がだんだん遅くなってくるのと一緒なんです。かつての武器が使えない。でも、それまでに培った技術と経験があるから、それでも爆笑を巻き起こすことができる。まさに、ベテラン投手の味わいのような漫才が披露されているんですよ。

（はたして、ナイツの二人は誰に例えられるのか？）

――さて、そろそろ紙数も尽きてきました。ネタ帳に書かれている組み合わせをどんどん紹介してもらえますか。

そうですね、「これは自信作だ」と思うのは「松中信彦＝パンクブーブー」説ですね。三冠王を獲った松中さん、M－1とTHE MANZAIの二冠に輝いたパンクブーブー。

どちらも、ものすごい偉業なのにあんまり話題にならない。すごく地味な存在でメディアにも注目されない。そんな福岡出身者同士ということで。

――なるほど、確かに納得の理由です。他はどうですか？

さまぁ～ずの二人をどうするかをずっと考えているんですよね。東京都墨田区出身で天性の明るさを誇る三村（マサカズ）さんは中畑清かな？　で、大竹（一樹）さんは篠塚和典ですね。右に、左に淡々と打ち分ける天才的なバッティングと、大竹さんの声を張らない物静かな芸風って似てると思いません？　ボールに逆らわない自然なバッティングと、緻密に計算された笑いというのは似ている気がするんでよね。あと、篠塚さんって「利夫」から「和典」に改名したじゃないですか……。

――あっ（笑）！

そうです、バカルディからさまぁ～ずに改名したのとかぶりますよね（笑）。あと、巨人つながりで言えば江川卓もすぐに浮かびますね。

――昭和の怪物・江川卓は誰に例えられますか？

「江川卓＝オリラジ」説ですね。オリエンタルラジオって、NSC時代から伝説のコンビだったそうです。で、デビューしてすぐに大ブレイク。でも、今はいろいろ揉めちゃってテレビに出られない。それって、江川卓の野球人生そのものじゃないですか。早熟の天才ゆえの悲劇とでもいうのか、そんなところに共通性を感じますね。江川さんのストレートもすごかったけど、個人的な「ストレートナンバーワンピッチャー」と言えば藤川球児ですね。藤川球児と言えば、僕にとっては笑い飯さんなんですよ。特に２００３（平成15）年以降のＭ－１における笑い飯の爆発的な球速はハンパなかった。毎年、決勝に進出して、毎年、爪痕を残していましたからね。８年連続決勝進出だったかな？　藤川が登板したら、必ず抑えてたじゃないですか。笑い飯さんもまさにそんな感じでしたね。

――続いては誰でしょう？

僕の中では「青木宣親＝千原ジュニア」説もあるんです。最初にも言ったけど、僕にとって「イチロー＝松本人志」で、２人とも大天才なんです。で、松本さんの陰に隠れがちだけどジュニアさんも間違いなく天才です。同様に青木もイチローほどではないかもしれないけど、日米でコツコツとヒットを積み重ねていますよね。

――コツコツと勝利を積み重ねて、現役最多勝利を誇る石川雅規はどうですか？

同じくヤクルトで言えば「石川雅規＝和牛」説ですね。和牛の漫才って、たとえば４分間に笑いを畳み込んだりするタイプでもないし、声を張って勢いよくしゃべる漫才じゃないんです。その辺が石川のピッチングと重なるんですよね。打者を打ち取るのは決してスピードだけじゃない。お客さんを笑わせるのは詰め込んだり、畳みかけたり、声を張らなくてもいい。石川がメジャーを目指さなかったように、和牛もゴールデンの冠番組というよりは、年をとってもコツコツと舞台で漫才を極めていくようなイメージなんですね。あと、絶対に忘れちゃいけない人を挙げてもいいですか？

――「絶対に忘れちゃいけない人」とは？

高田文夫先生です。『ビートたけしのオールナイトニッポン』とか、とにかくたけしさんとのやり取りが最高だったじゃないですか。だから、「ビートたけし＝野村克也」ならば、ノムさんの育ての親でもある鶴岡一人監督がいいかなと最初は考えたんです。でも、ノムさんと鶴岡さんはあまりいい関係じゃなかったらしい。となると、「高田文夫＝鶴岡親分」はちょっと違うかなと。

――生前の野村さんのコメントを見ていると、鶴岡親分に対しては愛憎相半ばする印象がとても強いです。となると、高田先生は誰に例えたらいいですかね。

それで頭に浮かんだのが「高田文夫＝村田兆治」説なんです。村田兆治って60代になってもすごい速球を投げていましたよね。年を重ねてもとにかく速かった。高田先生もいまだにすごいスピードでしゃべるんですよ。まさに「ラジオ界の村田兆治」なんですよ。

――確かに『ラジオビバリー昼ズ』の高田先生はめちゃくちゃパワフルですもんね。昔のことだけでなく、現在の若手も含めて芸能の世界を愛するスタンスは、ストイックに野球を極め続けた村田兆治と重なる気がします。

もう一つ、高田先生と村田兆治の共通点は不屈の闘志でカムバックしたことですよ。村田さんはジョーブ博士の執刀を受けて見事に復活した。高田先生も心肺停止状態から不死鳥のごとくラジオブースに戻ってきた。もう、「高田文夫＝村田兆治」説は揺るぎない自信がありますよ。

――もう、何の反論の余地もないほど納得です。では最後にナイツのお２人を野球選手に例えるとしたら、誰になるでしょうか？

僕についてはもう答えは出ていますね。ずっと以前から、テレビで共演するたびに、「オレに似てるなぁ」って思っていた人がいるんですよ。

――それは、どなたでしょうか？

ズバリ、「塙宣之＝里崎智也」説です。何でかというと里崎さんって、ロッテで日本一になったり、ＷＢＣで世界一に輝いたりしているけど、個人タイトルとは無縁じゃないですか。僕らナイツもM－1チャンピオンになったわけでもないのに、おかげさまでいろいろなお仕事をいただいています。タイトルがなくてもなぜか呼ばれている存在。

――あっ、里崎さんはナイツお二人の例えですか？

いや、あくまでも「里崎＝塙」です。というのも、里崎さんって、ものすごく弁が立つじゃないですか。それで、独自の理論をとうとうと語って周りの人を納得させていますよね。僕の場合も、M－1の審査員をやっているように、お笑いを論評したり、分析したりするのが大好きなんですよ。で、独自理論をもっともらしくまくし立てることで周りの人をけむに巻く（笑）。芸風が似ているんですよね。里崎さんが解説している姿を見ると、「あぁ、オレもこんな感じなんだろうな」って、親近感がわくんですよね。

――確かに里崎さんって、話術で周りを納得させる感じはありますね（笑）。では、相方の土屋伸之さんはいかがでしょうか？

土屋は完全に守備の人ですよね。打撃はイマイチなんだけど、守備の職人として試合に出続ける人。野球選手で言えば川相昌弘的なタイプ。だから「川相昌弘＝土屋伸之」説を提唱したいところですね。土屋って、自己犠牲精神というのか、あまり自分から前に出たがるタイプの人間じゃないんですよ。でも、あまりみんなが気づいていないけど、

実は裏回しがうまかったり、チームにとっては絶対に必要な存在なんです。

――いぶし銀であり、陰で支える人という意味でも、川相さん、土屋さんって、共通項がある気がしますね。ナイツにとっても、土屋さんがいなければ成り立たない。

ただ、前にも言ったように「ツッコミ＝ピッチャー」説から言うと、土屋の場合は星野伸之的でもあるんですよね。

――スローボールを武器に活躍した「星の王子様」こと星野伸之さんですか。

今、話した土屋の裏回し的な才能と、超スローボールで勝ち星を積み重ねた星野さんのピッチングスタイルが似ているということもあるけど、そもそも二人とも漢字も一緒の「伸之」なんで（笑）。じゃあ、ここは「ナイツの二人は星野＆里崎のバッテリー」ということにしましょうか。なかなかいいまとめになったんじゃないですかね。

第3章

僕と野球と、漫才と

小学生時代に「する野球」から「見る野球」に転向

今でこそ、「ナイツ・塙宣之」という名前は、漫才師として世間で知られるようにはなっているけど、世が世なら「読売ジャイアンツ・塙宣之」として、野球史に残る大選手となり、今頃は原辰徳監督の隣で指導者として活躍しているはずでした。

ご存知の方もいるかもしれないけど、僕は「運動神経悪い芸人」の一人です。脳内では完璧なプレーを演じているにもかかわらず、実際にはまったく身体が言うことを聞かず、世間の人から笑われる存在になっています。でも、現役草野球プレーヤーとして、野球には真摯に取り組んでいるし、今も野球を愛しています。

この章では、僕と野球との出合い。そして、野球に救われた若き日々。また漫才師として、ようやく活躍できるようになってからの野球とのかかわりについて話していこうと思います。ちょっとマジメな話になっちゃうかもしれないけど、しばしおつき合いを。

僕が野球を意識し始めたのは小学校の三年か四年生くらいのことでした。兄がリトルリーグに入っていて、それを見ていたら自分でもやってみたくなったんです。ただ、その頃から僕はすでに近視の症状が出始めていて、よくボールが見えなかったんです。元々、運動神経が悪かったこともあったと思うけど、そもそも近視でボールがよく見えない。だから、キャッチボールすらロクにできないんです。当然、周りの子どもたちから笑われ、からかわれました。一方の兄貴は試合でホームランを打つなど、中心選手として活躍していました。

子ども心に「オレ、ちょっと間違えちゃったかな……」って、小学生にしてすでに人生の選択を誤ったことに気づきました。技術的に未熟だからコーチには叱られる。同級生や先輩たちには笑われる。それで、練習も確か2回、いや3回かな？　とにかく、その程度しか通わないうちに、リトルリーグを辞めていました。

これが、人生最初の挫折でした。

でも、幸いだったのは野球を嫌いにならなかったことでした。幼心に「自分はプレーには向いていない」ことは理解したけど、「野球は楽しい」という思いは変わらず、「これからは見る専門でいこう」と思えたことでした。

不思議なことに、自分ができないことを華麗に体現する選手たちを見ていると、妬みというよりは憧れの気持ちが強くなってきたんです。自分でやらない（できない）分、上手な人のプレーを見ることが楽しかったんです。だから、僕は今でも野球に限らず、サッカーも、バスケも、テニスも、オリンピックも、スポーツ全般が大好きなんですよ。

で、この頃にジャイアンツと出合うんです。詳しくは第1章で語っているので、そちらに譲るけど、当時は千葉に住んでいたので初めて後楽園球場に家族で行ったり、選手名鑑を隅から隅まで読んで暗記したり、どっぷりと野球漬けの日々が始まることになりました。子どもの頃からいつも「これは130試合に換算したら、ホームラン60本ペースだぞ」なんて、計算したり、夢想したりするのが大好きな子どもだったんです。

そうそう、僕が芸人になる原点となったのもジャイアンツなんです。

1992（平成4）年から93年にかけて、ロイド・モスビーって外国人がいましたよね。中学時代の僕は痩せてて、メガネをかけていたんです。で、思春期になってコンタクトレンズにしたんですけど、ちょうどその頃に在籍していたのがモスビーでした。で、ただ痩せていて、肌が浅黒いというだけの理由で、僕は「モスビー」ってあだ名になったんです。

あれは中学の林間学校のときのことでした。

夜、１００人以上の生徒が集まって余興みたいなことをするんですけど、司会の西久保くんが急に僕に向かって、「あっ、モスビーだ！」って無茶振りしたんです。突然のことで驚いたし、モスビーのモノマネなんてやったこともないけど、その場の勢いでホームランを打って喜んでるマネをしたら、これが大ウケでした。

自分でも信じられないぐらいめちゃくちゃウケて、それが超快感だったんです。この瞬間の写真が卒業文集に載っているんで、今でも思い出すんですよね。思えば、これが人生で初めて人前でウケた瞬間でしたね。それがキッカケですよ。芸人を目指すようになったのは。今の僕があるのは、間違いなくモスビーのおかげなんです（笑）。

「野球部は敵だ」という肥大化した自意識

でも、高校に進学する頃には野球に対する思いが１８０度変わってしまいました。

当時、僕は佐賀北高校に行きたかったんです。ちなみに、後に甲子園で優勝することになるんですけど、それは別に関係ないです。普通に受験したけど、結局は落ちてしまいました。それで、佐賀の龍谷高校という学校に進学することになりました。

この頃の僕は、野球に代わって、新たに夢中になるものを見つけていました。

そうです、お笑いです。いや、ダウンタウンです。中学三年くらいの頃から、完全に「ダウンタウン病」に罹ってしまいました。

自分も松本人志さんみたいに尖った笑いをしたい。

自分は人とはセンスが違うんだ。

オレが新しい笑いの創造主となるんだ。

そんな思いを抱いたことで、「一般の面白くないヤツとはつき合いたくない」という謎の自我が肥大化し、クラスでも浮いた存在になっちゃったんです。たとえば、中学のときのこと。休み時間に突然立ち上がって、無言のまま黒板の前に進んでいく。みんなが「何事か」と注目している中で、いきなり黒板をバーンってものすごい音を立てて、無言で去っていく。

……当時は、それが最先端の新しい笑いだと思っていたんです（笑）。単なる危ないヤツだし、今の僕なら絶対に近づきたくないタイプでした。正直、すごく後悔しています。

人生の大切な時期を無駄にしてしまったんだなって自覚があります。

このスタンスは高校に入学してからもずっと変わりませんでした。

当時の僕は完全な帰宅部でした。野球部の連中とはまったく接点もありませんでした。さっきも言ったように「一般の面白くないヤツとはつき合いたくない」と思っていたから、ひたすら野球に打ち込んでいる野球部の連中のことを内心ではバカにしていました。

高校時代って、野球部とか、サッカー部とか、ひたすら練習に励んでいる男の子ってモテるじゃないですか。それは、当時の僕からしたら、ただチャラチャラしているようにしか見えないし、女にうつつを抜かしている、完全に見下すべき相手だし、ハッキリ言えば敵でした。だから、意識的に野球部を遠ざけていたんです。野球部員とは会話もしなかったし、夏の地方予選にみんなで応援に行くときも、「オレはいいや」ってカッコつけて行かなかったんです。今から思えば、本当にバカでした。

そんな僕でしたが、高校二年の夏休みに福岡吉本のお笑いコンテストで優勝しました。

普通なら、友だちに自慢して「塙、お前すごいな」なんてみんなでワイワイやるものだと思うけど、当時の僕は「当然だろ」って思いもあったから、クラスメートにそれを自慢することはなかったんです。

内心ではみんなにチヤホヤされたいのにあえて平静を装っていたんです。

でも、たまたまテレビでそれを見ていたヤツがいて、学校でも少しだけ話題になりました。そうなると当然、「学園祭で何かやってよ」ってオファーが来ます。でも、当時の僕は尖っていたから「そんなの知らねぇよ」って断るんです。ホントにバカですよ。

で、ちょうど同じタイミングで僕らの学校が甲子園出場を決めたんです。

でも、さっきも言ったように「野球部は敵だ」と突っ張っていた頃だったから、内心では関心を寄せていたくせに、まったく興味のない振りをしていました。バスをチャーターしてみんなで応援に出かけるのに、当然のように僕は行かなかったんです。

（何で、お笑いコンテストで優勝しているオレが応援に行かなくちゃいけなんだよ……）

当時の僕の率直な心境でした。いや、ウソです。本当は甲子園に行きたかった。行きたくて、行きたくて仕方がなかった。でも、当時の僕は素直に「野球部頑張れ！」って言えなかったんですよね。それまで、親しい友だちに対して、「野球部のヤツらはチャラいよな」なんて言っていたから、今さら「甲子園に行こうぜ」って言えなかったんですよ。

本当に、本当にバカですよ。

だって、自分の在学中に母校が甲子園に行くなんて、めったにない幸運じゃないですか。なのに、そのせっかくの幸運を、自分の変な自我のせいで、みすみす逃してしまったんですから。もしも、タイムマシンで当時に戻れるのなら、僕は高二の自分をボコボコにぶん殴って、「グダグダ言うな。黙って甲子園で応援しろ」って言いますね。

このときの龍谷高校野球部には小崎喜之くんっていうエースがいたんですけど、彼は鍋島中学時代からの友だちだったんです。うちの中学のエースが高校でもエースになって、甲子園で投げている。本当はめちゃくちゃテンション上がってたんです。だけど、素直にそれを喜べなかった。応援できなかった。

みんなは現地で応援しているんだけど、僕だけ自宅のテレビで見ていました。同級生の小崎くんは暑い中、頑張っていました。5点は失ったけど必死に投げていました。でも、8回途中で一学年下の河野昌人というピッチャーに交代するんです。

この河野くんは後に広島東洋カープに入団して、最後は福岡ダイエーホークスで現役を引退します。プロに進んだ誇るべき後輩です。

話はちょっと逸れるけど、大人になってから友だちがやっている佐賀の店で食事をしていたら、奥からものすごく体格のいい男性が出てきてあいさつされました。それが、プロ野球の世界を離れて第二の人生を歩んでいた河野くんでした。

もちろん、僕も河野くんがプロ入りしたことを知っていたので超リスペクトしていたから、あいさつされたことがすごく嬉しかったんですよね。後に病気のために39歳という若さで亡くなってしまったことが本当に残念でなりません。

何をやっても中途半端だった学生時代

今から思えば、やっぱり悔しかったんだと思います。自分もお笑いコンテストで優勝したのに誰からも注目されず、野球部だけがちやほやされている状況が。

さっきも言ったけど、もしもう一度、あの頃に戻れるのなら、僕はめちゃくちゃ彼らを応援します。だって、野球部の人たちがどれだけの猛練習をして甲子園という夢の舞台に立てたのかを想像することができるようになったからです。

「チャラチャラしている」とか「女と遊びまくってる」とか、勝手に僕が思い込んでいただけで、実際の彼らは本当に血のにじむような努力をしていたはずです。努力して努力して、ようやくつかんだ甲子園という切符。勝手にひがんで、彼らをディスっていた自分が情けないし、恥ずかしいし、思い切りぶん殴ってやりたいですよ。

今、あらためて高校時代を振り返ってみると、いろいろなことがよみがえります。

高校に入学したとき、僕は何の考えもなく、ただ「中学時代にやっていたから」という軽い気持ちでバレーボール部に入部しました。当時から「運動神経悪い芸人」の片鱗はあったから、当然レギュラーじゃなかったけど、本当に軽い気持ちで高校でもバレー部に入ることにしたんですよね。でも、中学時代にはバリバリのレギュラー選手ばかりが集まっている中で、僕の出る幕なんてあるはずないですよね。

やっぱり、長く続くはずもなく、たった一週間で僕は退部を決意します。そのときの顧問の言葉は一生、忘れないでしょうね。

「たった一週間で辞めるなんて、お前みたいなヤツは何をやっても無理だぞ」

そう言われました。今でもハッキリと覚えていますよ。だから、それが悔しくてめちゃくちゃ勉強を頑張って学年一位を取ったこともあるけど、やっぱり、そのときの悔しさは決して晴れなかったですけどね。

結局、高校、大学時代の僕はいつもそんな感じでした。

大学に入ってアルバイトをしてみても、どれも長続きしなかったですから。

ガソリンスタンドでは「オーライ、オーライ」って大声を出すのが恥ずかしくて途中で辞めました。ファミレスでのバイトも適当でしたし、いい加減でした。グラタンを取り出すのがものすごく熱かったので辞めました。今から思えば、本当に根性ナシのヤバいヤツでしたよ。何やっても続かないんですから。大学時代にやったアルバイトは数えきれないほどですよ。

だけど、そんな僕にとって、心の支えとなったのが「野球と漫才」だったんですよね。

何だか気持ちの晴れないときでもテレビでジャイアンツ中継は見ていたし、お笑い番組は大好きでしたから。原辰徳から松井秀喜に応援する選手は変わっても、僕の中のジャイアンツ愛は小学生の頃からずっと変わらなかったです。

その一方で、中学のときにダウンタウン病に罹って以来、ずっと松本人志さん、浜田雅功さんに憧れていました。自分でもコンビを組んで漫才をしました。大学時代に落研で土屋（伸之）と出会って、本格的にお笑いの道に進もうと決意することになりました。

「自分に何ができるのか」って考えたときに、自分にはお笑いがありました。高校時代に大会で優勝したこと。大学時代には落研の部長として頑張ったこと。そう考えると、僕の前には「お笑い」という選択肢しかなかったんです。

プロ野球選手には絶対になれないけど、頑張れば芸人にはなれると思ったんです。何をやっても、決して長続きしない性格だったけど、野球好きであること、漫才好きであることはずっと変わらなかったです。

一応、大学生の中では名の知られた存在だったので、養成所に入るつもりはまったくなかったんです。野球に例えれば、自分のことを「大卒の即戦力ルーキー」だと考えていたから、ドラフト会議のように「どこかで誰かがオレたちを見ていてくれるはずだ」という過信があったんですね。

でも、当然、どこの事務所からも声はかからず、自分たちでオーディションを受けることにしました。当時、僕らと関係があったのは兄のはなわが所属していたケイダッシュか、昔、土屋の母が演歌歌手で、そのときに所属していたマセキ芸能社の二つの事務所でした。それで、縁があって、今のマセキに所属することになったんです。もしも吉本に親戚がいたら、ひょっとしたら吉本所属だったかもしれない。その程度の軽い気持ちでした。

自分の進路が決まらない時期、テレビで見るジャイアンツ戦中継が救いでした。松井秀喜のホームランはスカッとした気持ちにさせてくれました。

確か96年の「メークドラマ」の年だったと思うけど、当時の麹町の日本テレビに行って、『ズームイン!!朝!』の特番にやじ馬で見学に行きました。このとき、「絶対、優勝するぞ!」って叫んで映り込んだりしたこともありましたね。

一人暮らしの我が家にケーブルテレビを導入して、ジャイアンツ戦が見られるようになったのも嬉しかったな。そのチャンネルでは松井秀喜の第1号から全ホームランを流す番組があって、ずっと見てました。大学時代はそこそこウケていたのに、プロになってからは全然ウケない。何をやっても楽しくないときに、ツマミと酒を買って延々と松井のホームランを見るのが当時の僕のストレス解消でしたね。

本当は東京ドームに行ってジャイアンツを、松井秀喜を応援したいんです。でも、当時はお金もないし、バイトばっかりしていたから、球場観戦なんて夢のまた夢でしたね。

あの頃、野球と漫才がなかったらどうなっていたんだろう？

想像するだけでゾッとしますね。

「野球ネタ」で、ようやく光が射しこんだ

そんな僕がようやく、人並みに努力をするようになったのは30歳になる頃でした。

初めて、「なんとなく、このままじゃヤバいよな……」って感じ始めたきっかけはM－1でした。せっかく、憧れのお笑いの世界に飛び込んだんだから、その最高峰である大会を目指すべきだと思ったんです。このとき初めて、「どうすればM－1チャンピオンになれるのか？」と真剣に考えて、ネタをきちんと作るようになったんです。

この頃、それまでの考え方が180度変わったのがよかったんだと思いますね。

昔の僕は「天才は努力しない」と勘違いしていました。だから、努力することが恥ずかしいと思っていたんです。なまじ、高校時代にお笑い大会で優勝したのも、今から思えば

よくなかったですね。

でも、小学生の頃にもっと努力して野球に打ち込んだり、中学時代にバレー部でもっと頑張ったりしていたら、もしかしたら「運動神経悪い芸人」でもレギュラーになれたかもしれない。大学時代にバイトを転々としなかったかもしれない。

そんなことに気づいたときに、僕らの前にあったのが漫才でした。今までは全部、自分の弱さを言い訳に変えて目をそらしてきた。でも、もうそれをやめにしたんです。そこから、ようやく変わるきっかけをつかめた気がしました。


……とはいえ、まったくウケない日々は続いていました。

漫才協会に入ったので舞台に立つ回数は増えました。昼間は寄席でお年寄りを相手にして、夜はライブハウスで若いお客さんを相手に舞台に立つんだけど、どこをターゲットにしていいのか、自分たちでもよくわかんなくなっていたんです。

野球で言えば、いろいろ考えすぎてフォームがめちゃくちゃに崩れていたんですね。当時は、今みたいに僕がネタを作るシステムじゃなくて、土屋と一緒にファミレスでゼロからネタ作りをしていました。でも、そのときでも「この前、マネージャーさんから怒られたから、今度は言うとおりにしようか」とか、「テレビ見てたら、こういうネタがウケてたから、ちょっと取り入れてみようか」とか、完全に自分を見失っていたんですよね。人の顔色ばかりをうかがって、自分たちのやりたいことはゼロでしたから。

当然、ますますウケなくなります。何しろ、オリジナリティーゼロですから（笑）。完全な泥沼状態でした。

ちょうどそんな頃、僕にとって運命的な「気づき」がありました。

それが、ストリークさんという漫才コンビでした。

すでに解散してしまったコンビなんですけど、ボケの山田大介さんが阪神タイガース風のユニフォームを着て、ひたすら野球に関するボケを繰り出すんです。それを見たときに「あっ、コレだ！」って思ったんです。

それまで、僕らナイツの漫才は、例えば5分の中に二個ぐらい野球のボケを入れていたんです。だけど、ストリークさんはもっともっと、野球に特化していたんですよね。

ストリークさんの漫才を見ていて、「オレのやりたい漫才って、コレだよな」って思って、同時に「ひょっとして、全部ジャイアンツのネタにしてもいいのかもな」ってひらめいたんです。

それで、事務所のキャッチフレーズや取材を受けたときには「西のストリーク、東のナイツを目指します」ってしょっちゅう言っていたんです。当時、僕は「ノムさん本」にハマっていました。『野村ノート』が大ヒットして、野村克也さんの本がたくさん書店に並んでいた頃だったので、それを読破していたんです。で、その本をネタにしたんです。

たとえば、持ち時間が4分だとしたら、そのうちの3分はひたすら本からの引用で「野村克也さんはこんなにすごい人なんです」ってただ語るんです。その横で土屋が「まぁまぁ、野村さんがすごいのはわかりますけど……」って静かに聞いている。

そして、3分過ぎぐらいに土屋が「もう我慢できないよ。お前、好き勝手にやりすぎだろ。もっと若い子が興味ある話をしろよ」ってキレる。それで、「わかりました。じゃあ、ミスターチルドレンの話をしますね」と切り出す。

塙　**「ミスターチルドレンは、長男・一茂、次女・三奈……」**

土屋　**「それはミスターのチルドレン。長嶋さんの子どもだろ！」**

そんな漫才をしていたら、普段はダメ出しばかりのマネージャーさんが、「今まではだいぶウケるし、いい感じだね」って褒めてくれたんです。でも、「最初の３分でついてこられないお客さんが多いよ」って注意を受けたんですね。

マネージャーさんにも言われたし、自分でも実感としてあったのが「自分の好きなことをしゃべっているときはテンポもよくなる」ってことだったんです。

たとえば、「僕、コンビニ店員になりたいんですよ……」って、コンビニネタを作ってみても、僕自身に演技力がないから、その時点ですでにウソくさいんです。でも、野球のように、自分の好きなことを語るときは、すごくいいテンポになっているんですよね。これは大きな発見でした。

そして、マネージャーさんの指摘どおり、持ち時間４分のうち、３分も説明に費やすのはもったいない。だったら逆転の発想で、「最初の３分間も徹底的にボケ倒そう」って考えたんです。それで作ったのがイチローネタでした。

まずは、彼の出身校である「愛工大名電」を「愛工大停電」にしました（笑）。

でも、自分の好きな人のことを話しているのに、出身校を間違えるのは矛盾する。じゃあ、昨日の夜に、たまたまインターネットを見て知ったことにしよう。うろ覚えだから、間違えても仕方がない……。

そうです。それがあの「ヤホー漫才」の原型になったんです。

塙　「みなさん、イチローっていう人、知ってますか？」

土屋　「みんな知ってるよ！」

塙　「昨日、ヤホーで調べたんですけどね……」

土屋　「ヤフーですね」

この瞬間、完全に「ヤホー漫才」のパッケージができたんです。そして、これがナイツが世間に知られていくきっかけとなったんです。

「ヤホー漫才」で一気にブレイク！

大好きな野球ネタでとことん押しまくるヤホー漫才によって、僕らナイツはようやく自分本来のフォームを取り戻しました。

ネタ作りの根幹にあるのは、「自分たちはどんなボケをしたいのか？」なんです。

たとえば、ロバート・秋山竜次さんの場合は、「あなたはこれをやりたくて仕方ないんだろ」ってボケを徹底的にやり尽します。それはもう、うらやましいぐらい好き勝手にやってます（笑）。そうすることの大切さを野球ネタは、僕らに教えてくれました。

２００５〜06年くらいに野球漫才を始めて、08年ぐらいにヤホー漫才が完成した。後にＭ－１で披露して、「スゲー面白い」って、世間からの評価を受けたけど、まだ人前で発表する前段階、ヤホー漫才ネタができた時点で、僕は仲の良かった友だちに「ナイツはこれで売れるよ」って言いまくっていました。

そして、08年のＭ－１で、僕らは一気にブレイクします。……と言っても、優勝したわけではないんですけどね（笑）。

ちょっと話は逸れるけど、08年Ｍ－１の敗因は僕の中で明確です。

Ｍ－１って、その年の一番いい状態の漫才師が優勝する大会なんです。この年、僕らはヤホー漫才が評判になってかなり露出が増えていたんです。ちょうど、バイトも辞めて芸人一本に専念できるようになっていた頃で、断る理由もないからどんどんテレビに出ていたんです。野球で言えば、「ちょっとオマエ投げ過ぎだぞ。少し休めよ」と言いたくなるぐらい。そうすると、お客さんにとっては新鮮味がなくなるんですよね。それはこの年準優勝のオードリーも同じ感じでしたね。

もしも本気でチャンピオンを目指すんだったら、少し露出を控えて肩を休めつつ、M－1の本番に向けて体調万全で臨んだほうがよかったんですよね。その点は、今でも反省しています。

で、最初はヤホー漫才のフォーマットに野球ネタを当てはめていたけど、すぐに「これって、野球以外のネタでも十分面白いだろ」って気づきました。それで、イチローの次に作ったのがSMAPでした。そうしたら、それがめちゃくちゃウケたんです。それで、マイケルジャクソンにしたり、スタジオジブリにしたり、何でも検索し始めたんです（笑）。

このネタで、土屋自身も開花しましたね。土屋のツッコミって、テンションが高すぎるのはハマらないんです。頭をはたいたりするのも苦手です。それよりも、「今日は足元の臭い中、どうも……」「いや、〝悪い〟だろ」みたいなのがハマるんです。

僕のキャラクターと土屋のツッコミは、小ボケの連発が一番合っているんでしょうね。小ボケの積み重ねって、演じている僕らも楽しいし、きっと見ているお客さんも楽しいと思うんです。このスタイルを確立してからは、今まで経験したことのない笑いが起きました。自分では「即戦力ルーキーだ」と思って、お笑いの世界に飛び込んだのに、まったく芽が出ることなく7〜8年が経って、「そろそろクビかもな……」って思っていた頃に突然覚醒して、ヒットをバンバン打ち始めた――。野球選手に例えるとしたら、そんな感じのバッターだったと思いますね。

僕らの漫才に「野球寿限無」というネタがあります。落語の「寿限無」がモチーフになっているネタです。ナイツ結成20周年のときにファンの方に「好きなネタは？」ってアンケートをとったら、この「野球寿限無」が一位でした。

話芸を磨くために、僕が落語「寿限無」を覚えるんですけど、そこには野球ネタをとことん詰め込んでいます。「寿限無」を「10ゲーム」と間違えるところから始まります。僕らのオフィシャルＹｏｕＴｕｂｅサイトで見られますんで、ぜひ見てください。

Ｍ－１決勝に進んだことで、仕事が一気に増えました。同時にプロ野球選手と絡む現場も増えました。憧れの選手たちとの仕事は、当然嬉しいんです。でも、逆に困ったこともありました。

これまでずっと述べてきたように、僕は野球選手をリスペクトしているので、変にいじれないんです。野球選手と直接絡む機会が増えすぎると、自分たち本来のパフォーマンスを発揮できない。だから「正直、あんまり絡みたくない」というのが本音なんです。

あと、選手たちのプライベートや素顔を知るのもイヤですね。

実際にお会いしてみて、「あぁ、いい人だな」ってなればいいけど、鬱屈していた高校時代を過ごした僕にとって、体育会系のノリというか、学生時代の野球部ノリを思い出すのもイヤだし……。憧れの思いが強い分、なるべくなら、遠くから見ていたいっていうのがファン心理としてあるんですよね。

だから、今でも僕は「プロ野球選手は遠くで見る存在」という思いがすごく強いんです。

プロ野球選手は「自分のため」に全力プレーを！

おかげさまで野球関連の仕事も増えました。

ＮＨＫの『球辞苑～プロ野球が１００倍楽しくなるキーワードたち～』は、期せずして編集長代行という形で番組を仕切ることになったけど、やっぱり司会は僕には向いていないですね。あくまでも、茶化しながらワイワイやりたいタイプなので、番組を仕切るよりは以前のような気楽なスタンスでかかわりたいです。早く徳井編集長、戻ってきてほしいです（笑）。

あと、Ａｍａｚｏｎプライム・ビデオで放送されていた『プロ野球　そこそこ昔ばなし』も楽しい仕事でした。元プロ野球選手をゲストに呼んで、深い技術論はほぼ語らずに、そこそこ昔の思い出を草野球のテンションで自由気ままに語る。僕にとっても楽しい番組でした。

『球辞苑』はさんまさんとか、中居正広さんが「大好きな番組だ」って言っていたし、『そこそこ昔話』は浜田さんが見てくれていて、番組で共演したときにいきなり「アマゾンのアレ、おもろいな」って言ってもらって、ホントに嬉しかったですね。

思えば、中学のときにダウンタウンさんに出会って、中二で「ダウンタウン病」になって、僕は今でもダウンタウンさんを追いかけているだけなんだと思いますね。

40歳を過ぎてもまだ病気は治っていないし、若手芸人も続々と台頭している今、「これから何をしようか、どうしていこうか」って何も見えてないけど、漫才が大好きだという気持ちはずっと変わっていません。だから、野村克也風に言えば、僕はこれからも「生涯一漫才師」で生きていくと思います。

漫才を頑張るために、趣味に没頭したり、ドラマや映画を見たりして、自分の中の枝葉を増やしていくつもりです。そうすれば、漫才ももっと面白くなると思いますね。で、その「趣味」というのはもちろん、野球もその重要な一つです。

今でも、時間があればスポーツ新聞で打率ランキングや防御率をチェックしたり、選手名鑑を読み込んだりしています。僕とプロ野球との関係性は、これからもずっと変わらないんじゃないですかね。

これは僕の持論なんですけど、僕が漫才をやっているのは「誰かを幸せにしたい」とか、「日本を元気にしたい」という大きな理想を持っているわけじゃないんです。「ただ自分が楽しいから」「漫才をやっている自分が好きだから」なんです。その結果、それを見ているファンの人たちが「ナイツの漫才は面白いよね」って、一瞬でもイヤなことを忘れたり、ストレス解消になったりすれば、僕は嬉しいだけなんです。

これって、僕がプロ野球選手に求めるものも同じなんです。

僕は野球選手に救ってもらいたいとは思わないです。野球選手も、「ファンのために」とか「日本のために」ではなく、あくまでも「野球が好きだから」という理由で、全力プレーをしてくれるだけでいいんです。

それを見ている僕らが勝手に元気や勇気をもらったり、幸せを感じたりするんですから。だって、大谷翔平なんて、本当に楽しそうに二刀流をやっているじゃないですか。それを見ている僕らまで楽しくなってきますからね。選手自身が「ファンのため」じゃなくて、「自分のために」プレーするようになってきたら、プロ野球はもっと楽しくなると思います。

野球と漫才、漫才と野球――。

どちらも僕の大好きな世界です。ぜひこれからも、この二つを大切にしていきたいと思っています。

第4章

「塙的ベストナイン」を作ってみたらこうなった！

塙的 BEST 9 読売ジャイアンツ編

「篠塚のチンコはデカい」少年時代の忘れられないどうでもいいウワサ

――塙さんが選ぶ「私的ベストナイン」。まずは巨人のピッチャーからお願いします！

パッと思い浮かぶのは斎藤雅樹、上原浩治かな？　僕らの世代だと菅野智之は最初には浮かばないかな？　内海哲也もすごかったけど、自分よりも年下なんで「憧れ」って感じじゃないからな。

――そうなると、塙さんが物心ついたときに見始めた80年代、90年代中心ですかね。

だったら、「三本柱」は外せないですよね。斎藤、槙原寛己、そして桑田真澄。加藤初も香田勲も好きだったんだよなぁ……。でも、ここは無難に斎藤雅樹にしましょう！

――その理由は？

斎藤雅樹が出たら負けなかったでしょ。11連続完投勝利もそうだけど、勝つのが当たり前でしたからね。ほとんど負けてる印象がない、抜群の安定感ですから。

——では、キャッチャーは？

これは迷いなく山倉和博さん。「意外性の男」って言われてたけど、僕が子どもの頃の塙家では山倉さんはイジリ要員だったんですよ。兄弟みんなで、どちらかと言うと評価は低かったんだけど、実はすごい選手だった。で、ファーストは駒田徳広かな？　ちょうど巨人を好きになった頃から駒田さんも好きになっていった感じでリンクするんですよ。

——80年代が続きますね。じゃあ、セカンドは篠塚和典さんですか？

ですね、やっぱセカンドは篠塚でしょ。打撃の職人だし、守備も堅実だったし。それに、忘れられない思い出があるんですよ。

——どんな思い出ですか？

小学生の頃、「篠塚はチンコがデカイ」ってウワサを聞いたんですよ。幼心に「あんまりデカそうに見えないのに、篠塚のチンコはそんなにデカいのか」ってすごく印象に残っているんですよね（笑）。

坂本勇人に我が身を重ねて…

——サードも誰だか予想がつきます（笑）。

サードはもちろん、原辰徳ですよ。80年代の原さんはホントにカッコよかったし、90年代の故障に苦しんでいる姿は痛々しかったし、めちゃくちゃ印象に残っていますね。原さんにも忘れられない思い出があるんです。

——また、チンコエピソードですか？

いや、今度はチンコじゃないです（笑）。

94

GIANTS

年だったと思うけど、なかなか出場機会はないのにいいペースでホームランを打っていたんですよ。当時から記録が大好きだったから、「130試合換算だと何本打てるかな？」って計算して、「どうして原さんを出さないんだ」って、ずっと怒ってました。確か、この年は・290ぐらい打ってるのにね。

――スゴい、ホントに・290です！

でしょ。それぐらい原さんが好きなんですよ。その後は、落合博満や長嶋一茂が加入してますます出番が減っていく。この頃の原さんは本当に切なかったなぁ……。

――じゃあ、ショートは？

ショートは川相昌弘と言いたいところだけど坂本勇人ですね。08年だったかな？　とんねるずさんの『みなさんのおかげでした』の「食わず嫌い王決定戦」に出たんです。そのときの対戦相手が千秋さんだったんですよ。

――千秋さんは熱狂的な阪神ファンですね。

そうそう。それで、途中から「巨人ファン対阪神ファン」の流れになったんです。僕にとっては、初めてに近いゴールデン出演で、そこで巨人を背負ったんです。ジャイアンツファン代表として、「坂本勇人は今後、絶対にスター選手になりますから注目してください」って断言したんですよね。

――08年の坂本はプロ2年目。まさに、ブレイクした年です。

ちょうど、僕らナイツもテレビに出始めるのが08年頃なんですよ。それ以来、「坂本が頑張ってるから、オレも頑張ろう」って思えるんですよね。

――では、外野手３名をお願いします。

松井秀喜、吉村禎章、そしてモスビーですね。原さんが引退した後、一番好きだったのは松井ですから、絶対に外せない。09年だったかな？　アナハイムまでエンゼルス時代の松井を見に行って、「あぁ、頑張ってるな」ってグッときたんですよね。

――吉村、モスビーの選考理由は？

吉村の場合は「ケガさえなければ……」って思いがつきまとうじゃないですか。天才性と悲劇性が印象深いし、モスビーは芸人になるきっかけとなった選手だから絶対に外しちゃダメでしょ（詳しくは88ページを）。

GIANTS

GIANTS BEST 9

CF
松井秀喜
平成巨人のスーパースター

LF
吉村禎章
天才性と悲劇性の二面性

RF
ロイド・モスビー
芸人の道を開いてくれた恩人

SS
坂本勇人
君が頑張れば、僕も頑張れる

2B
篠塚和典
チンコ伝説の真偽やいかに？

P
斎藤雅樹
抜群の安定感と信頼度

3B
原 辰徳
少年時代のナンバーワンスター

1B
駒田徳広
「満塁男」の勝負強さにシビれた

C
山倉和博
「意外性の男」は塙家の人気者

塙的

BEST

9

阪神タイガース編

「我孫子つながり」で、連絡先を交換したけど12年間、音信不通の和田豊

——続いて阪神編をお願いします。

阪神と言えば、まずはランディ・バースですね。歴代の阪神のスター選手で、真っ先に頭に浮かんだのがバースでしたね。

——いきなりファーストから決定（笑）。そうなると、サードは「あの人」ですか？

そうですね。当然、ミスタータイガース・掛布雅之ですね。阪神が日本一になった85年のバース、掛布、岡田のクリーンアップは今から見ても最強の打線でしたよ。

——ということは、「ファースト・バース、セカンド・岡田彰布、サード・掛布」となりますね。いきなり内野陣から決まりましたが、ピッチャーはどうですか？

ピッチャーについては、グッと最近の人になるけど、僕としては藤川球児を推したい。これまで僕が見たストレートで一番伸びがあるのは藤川だと思うんですよ。現役引退後、解説者になったけど、いい解説をしていますよね。きっと、将来的にはいい監督になるんじゃないのかな。

――では、キャッチャーは？

僕らの世代だと田淵幸一さんは「西武の人」なんで、やっぱり矢野燿大かな？　中日時代から「いいキャッチャーだな」って思っていたんだけど、ノムさん、星野さんに鍛えられてさらにいいキャッチャーになりましたよね。人柄もよさそうだしね。

――どんなところから「人柄がよさそうだ」って感じるんですか？

今、監督をしていても感情表現がすごいじゃないですか。現役時代も藤川と抱き合ったり、ピッチャー思いのいいキャッチャー、選手思いのいい監督って感じがしますよね。……あっ、ちょっと代えてもいいですか？

――どこを誰と代えますか？

セカンドは岡田さんじゃなくて、和田豊を忘れていました。僕一度、和田さんと連絡先を交換したんですよ。

――和田さんとはどんな接点が？

新幹線のグリーン車でたまたま席が近かったんで、僕からあいさつしたんです。和田さん、我孫子高校出身なんだけど、僕も我孫子出身だから。そうしたら、「よかったら食事でも」って言ってくれて連絡先を交換したけど、12年間、一度もやり取りナシ(笑)。もう、番号も消去しちゃったかも……。

――せっかく連絡先交換をしたのに、消しち

TIGERS

やダメでしょ（笑）。

（携帯を取り出しつつ）……あっ、「和田豊」って登録されてました。でも、やっぱり、こちらからはかけづらいですけどね（笑）。

カネの取れる超強肩・新庄剛志

――内野陣、残りはショートです。

パッと頭に浮かんだのは真弓明信なんだけど、真弓さんってライトもやってましたよね。

――85年の日本一のときにはライトのレギュラーで34本塁打を打っています。

じゃあ、90年代の久慈照嘉ですね。小さくてちょこまかしながら、堅実なプレーをする選手が大好きなんですよ。そうだな、真弓よりは久慈のほうがショートとしてはベストナインにふさわしい気がしますね。

――もし、現役時代を見ていたなら、小さくて堅実だった「牛若丸」吉田義男さんも候補でしたね。では、外野手3人は？

真っ先に挙げたいのは赤星憲広ですよ。ホントに速かったですよね。あと、よく「珍プレー」で放送されていたけど、ファンの人にガチ切れしてフェンス越しに言い争いをしていたじゃないですか（笑）。あの気の強そうな感じもよかったな。ノムさん命名の「F1セブン」の筆頭格でしたからね。

――では、外野手2人目は？

新庄剛志ですね。さっき、久慈さんのところで「ちょこまかしながら堅実なプレーをする選手が好き」って言ったけど、強肩の選手も大好きなんですよ。僕、いまだにYouTubeで「新庄の肩」見ちゃいます。あれこそ「カネを取れる肩」ですよ。

――ノムさん時代には投手にも挑戦。話題に事欠かない選手でしたね。

新庄の身体能力なら、世が世なら二刀流でも成功したんじゃないのかな？　とにかく華のある魅力的な選手でした。

――では、外野手のラストは？

金本知憲と迷ったけど坪井智哉にします。1年目にいきなり打率3位で、規定打席到達者では唯一の併殺打ゼロ。あのインパクトはすごかった。あと、振り子打法のバッティングフォームも好きでしたね。外野は赤星、新庄、坪井の3人。完璧でしょ！

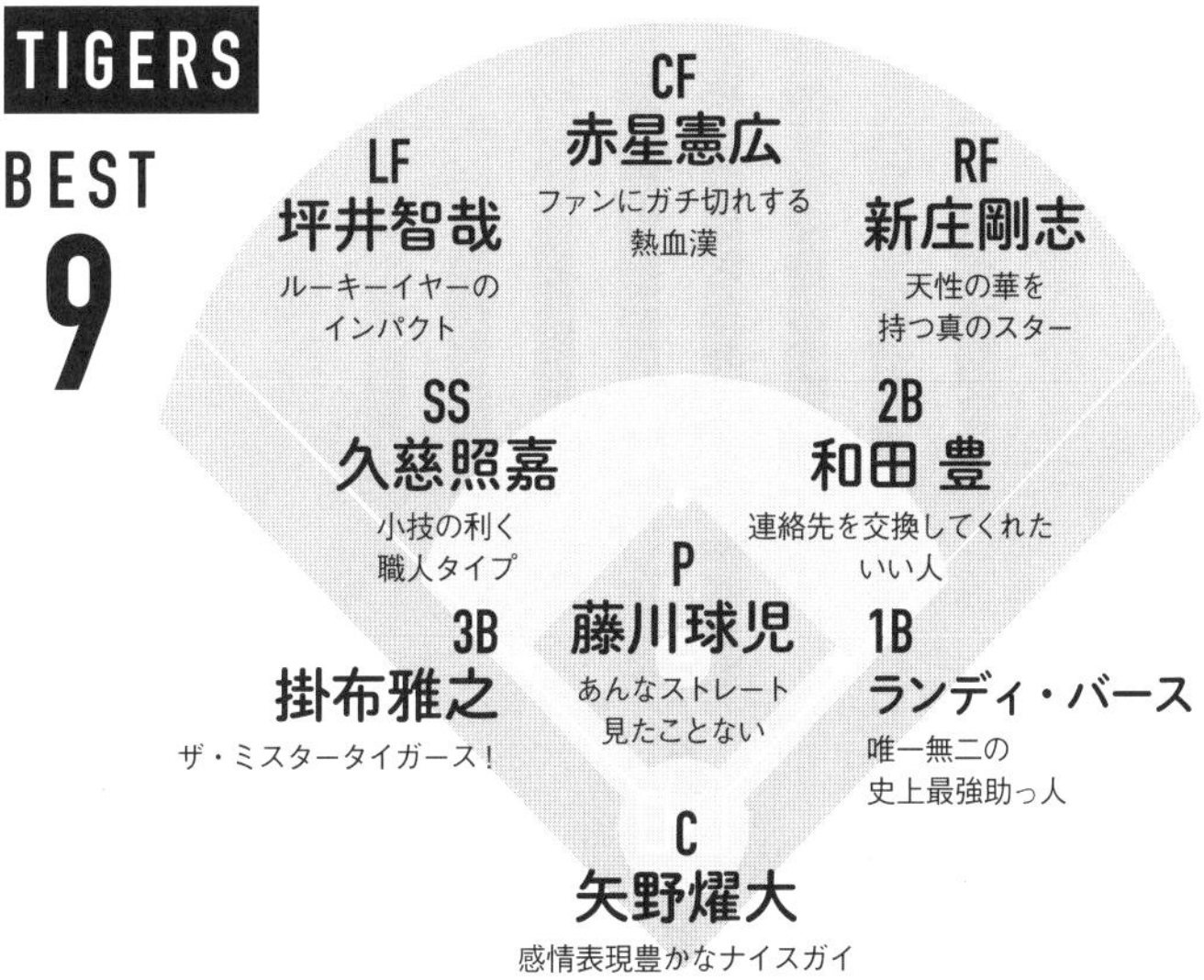

塙的 BEST 9 中日ドラゴンズ編

「野球もお笑いもやっぱりセンターラインが大切なんです！」

——続いて、中日編に行きましょう！

中日は割とスムーズに決まりますよ。まずキャッチャーは谷繁元信。ファーストは落合博満。これは文句ないでしょ。

——いえいえ、確かに2人とも後に中日の監督を務めたけど、谷繁さんは横浜からの移籍組だし、落合さんはロッテから中日、その後は巨人、日本ハムに移籍していますよ。

確かに2人とも中日の生え抜きじゃないけど、僕にとっては「谷繁＝中日」「落合＝中日」ですから、何の問題もないです。

——わかりました。「塙的ベストナイン」ですから、塙さんの意見を尊重します。では、谷繁さんを選んだ理由を教えてください。

巨人ファンの僕からしたら、とにかくしつこくてイヤらしいリードだった印象が強いんですよ。ヤクルトの古田敦也さんもそうだったけど、相手のイヤなところを突くのがすごくうまい。谷繫さんは肩も強かったし、バッティングも勝負強かったし、まさに「不動の正捕手」という感じで好きですね。

――では、落合さんは？

正直、三冠王を獲得したロッテ時代の記憶はないんです。ただ、中日にトレードされるときに「1対4」だったじゃないですか。落合1人を獲得するのに4人を放出する。そのインパクトは幼心にも強烈でしたよね。

渋すぎ、通好みの外野手3人

――続いて内野手から行きますか？

セカンドは本来ならば高木守道さんなのかもしれないけど、僕が実際にプレーを見た選手で選ぶならばやっぱり荒木雅博でしょ。

――そうなると、当然ショートは「あの人」になりますね。

もちろん井端弘和ですよね。いわゆる「アライバコンビ」のプレーを見て、昔からよく言われている「センターラインが大切だ」って意味がよくわかりましたよ。決して派手じゃないし地味だけど、あの二人がいればこそ中日は強かったんですよね。ちなみに、お笑いもセンターラインが大切なんですよ。

――詳しく教えてください。

お笑いにおけるセンターラインはやっぱり、台本、脚本、ネタの力ですね。ネタと構成がしっかりしていないと結局は崩れていく。面白くないんですよ。アライバの2人から、僕はそんなことを学びましたよ。

——サードはどうしましょうか？

うーん、ホントはショートで選びたかったけど、ここは「サード・立浪和義」にしましょう。立浪さんってPL学園では清原、桑田のKK世代の二学年下なんです。どうしても、偉大な先輩の陰に隠れがちだけど、実は立浪さんは二塁打記録を持っている。なんかナイツと重ね合わせたくなるんです。

——ナイツと立浪、どういうことですか？

僕らはM-1チャンピオンになったわけでも、タイトルを獲ったわけでもないけど、地道にコンスタントに漫才を作り続けている。立浪さんも地道に二塁打を打ち続けて、気がつけば記録を持っている。そういう姿に感情移入しちゃうんですよね。

——なるほど、それはいい話ですね。残すはピッチャーと外野手です。

ピッチャーは山本昌かな？ いや、宣銅烈も好きだったんだよなぁ。でも、強いて一人に絞るなら郭源治かな？

——決め手となった理由は？

顔です。幼心に「郭の顔ってカッコいいな」ってずっと思ってたんですよ。でも、あらためて見ると別にカッコよくないですよね(笑)。何でだろう？ でも、子どもの頃は「カッコいい顔だな」って思ってたな。

——では、外野手3人をお願いします。

まずは現役から大島洋平。あまり目立たないけど、地味にコンスタントに成績を残してるじゃないですか。FA権を行使しないで中日に残った点も高評価ですね。

――外野手、残り２人は？

僕の頭の中にはあと３人浮かんでるんですよ。和田一浩、英智……そして、アレックス・オチョア！

――まさかのオチョア（笑）。

『アメトーーク！』の「○○芸人」ってありますよね。これって、源流は英智にあると僕は思うんですよ。要は「一芸に秀でていればいいんだ」って証明したのが英智なんですよ。じゃあ、外野手は英智とアレックスにします。彼の守備もカネの取れる守備でしたから。英智は『パワプロ』でもいつもお世話になったし、アレックスも強烈なインパクトだったし、うん、いい人選だと思いますね。

塙的 BEST 9

広島東洋カープ編

「大の巨人ファンなのに野球ゲームではいつも広島でプレーしていた」

——カープは誰から始めましょうか？

本来なら、山本浩二、衣笠祥雄はマストなんでしょうけど、東京では広島戦中継が少なかったから、現役時代は見ているはずなのにあんまり印象に残っていないんですよ。

——ここは世間の評価になんかとらわれずに、あくまでも「塙主観」でどこまでも押し通しましょうよ。

ですよね。じゃあ、絶対に入れたいのが前田智徳ですね。大好きでしたから。で、外野は前田と金本知憲、そして緒方孝市。何の迷いもなく出てきますよ。特に緒方さんは佐賀の英雄ですから。僕も佐賀出身なんで、中條かな子と結婚した緒方さんは外せない。

——かなりスムーズでしたね。

いつも、『ファミスタ』とかの野球ゲームで、僕は広島で遊んでいたんですよ。実際の野球はジャイアンツファンなんだけど、ゲームではカープを選択することが多かったな〜。

——どうしてですか？

当時のカープって、めちゃくちゃいい打線じゃないですか。この3人に加えて江藤智に野村謙二郎もいたでしょ。最強打線ですよね。あと、広島がすごいのはアマチュア時代の超スターではない選手を猛練習によって自前で育て上げて一流にする点ですよ。

——ピッチャーはどうしましょうか？

80年代だと北別府学、川口和久、大野豊……。90年代だと佐々岡真司もいますし、それ以降では黒田博樹、マエケン（前田健太）……。あらためて振り返ってみても、いいピッチャーだらけじゃないですか。

——1人に決めるのは難しいですね。

ここは北別府さんにしましょう。メジャーのグレッグ・マダックスが「投げる精密機械だ」って話題になったときに、僕は真っ先に北別府さんのことを思い出しましたね。コントロールのいいピッチャーって見ていて気持ちがいいじゃないですか。漫才と一緒でリズムが悪いピッチャーって、見ていて腹が立つんですよ。北別府さんは安心して見てられる漫才のようなピッチングなんですよね。

——塙さんならではの選考理由ですね。

「北別府」と「ジョニー・デップ」。全然違うのにネタにしたこともあったし（笑）。

「猿人」、いや「鉄人」衣笠祥雄

——キャッチャーはどうしましょう？

CARP

達川光男でしょう。一度、『球辞苑』でご一緒したんですけど、楽屋でたまたまスケジュール帳を見ていたら、達川さんが「仕事、忙しいんか? 忙しいアピールか? えぇのう、仕事忙しょうて」って言い出して、本番中も「塙は忙しいアピールしとるぞ」って絡んできて、「初対面なのに何だこの人は」って印象なんですよ(笑)。

――光景が目に浮かびます(笑)。

雰囲気が漫才協会の師匠っぽいんです。ムードはいいし、コミュニケーションは取りやすいし、「野球人」っぽくないんですよね。

――内野陣がまだ決まっていませんね。

ファーストは小早川毅彦かな? ジャイアンツファンとしては「江川を引退させた男」のイメージですね。まだ幼かったけど、江川卓が引退を決めたという小早川の一発はテレビを見ていて、本当に物悲しかったな。悩むのは二遊間なんですよね。

――誰と誰を悩んでいるんですか? まずはセカンドから教えてください。

セカンドは正田耕三と菊池涼介ですね。でも、やっぱり異次元の守備を見せる菊池にしましょうか。一時期、「出だしが悪いからファインプレーに見えるだけだ」っていう辛口の評論家もいたけど、今では菊池の守備に関して文句を言う人はいないでしょ。「プロが嫉妬する守備」で菊池にしましょう。

――じゃあ、ショートは?

迷っているのは高橋慶彦と野村謙二郎なん

ですよ。でも、ゲームでお世話になったから野村さんにしようかな？　2000安打も打ったし、野村ということにしましょう。

——サードは江藤智さんですか？

そうですね。こちらも本来なら衣笠さんなのかもしれないけど、個人的にはゲームでお世話になった江藤さんにします。

——確かに国民栄誉賞の衣笠さんを外すのはしのびないですね。

ネタにしたこともあったんですよ。「衣笠さんは、連続試合出場記録を作って《猿人》と呼ばれました」「《鉄人》だよ。失礼だろ《猿人》って。見た目だけだろ」って。

——確かに失礼だ(笑)。でも、面白い。

衣笠さん、ゴメンなさい(笑)。

CARP BEST 9

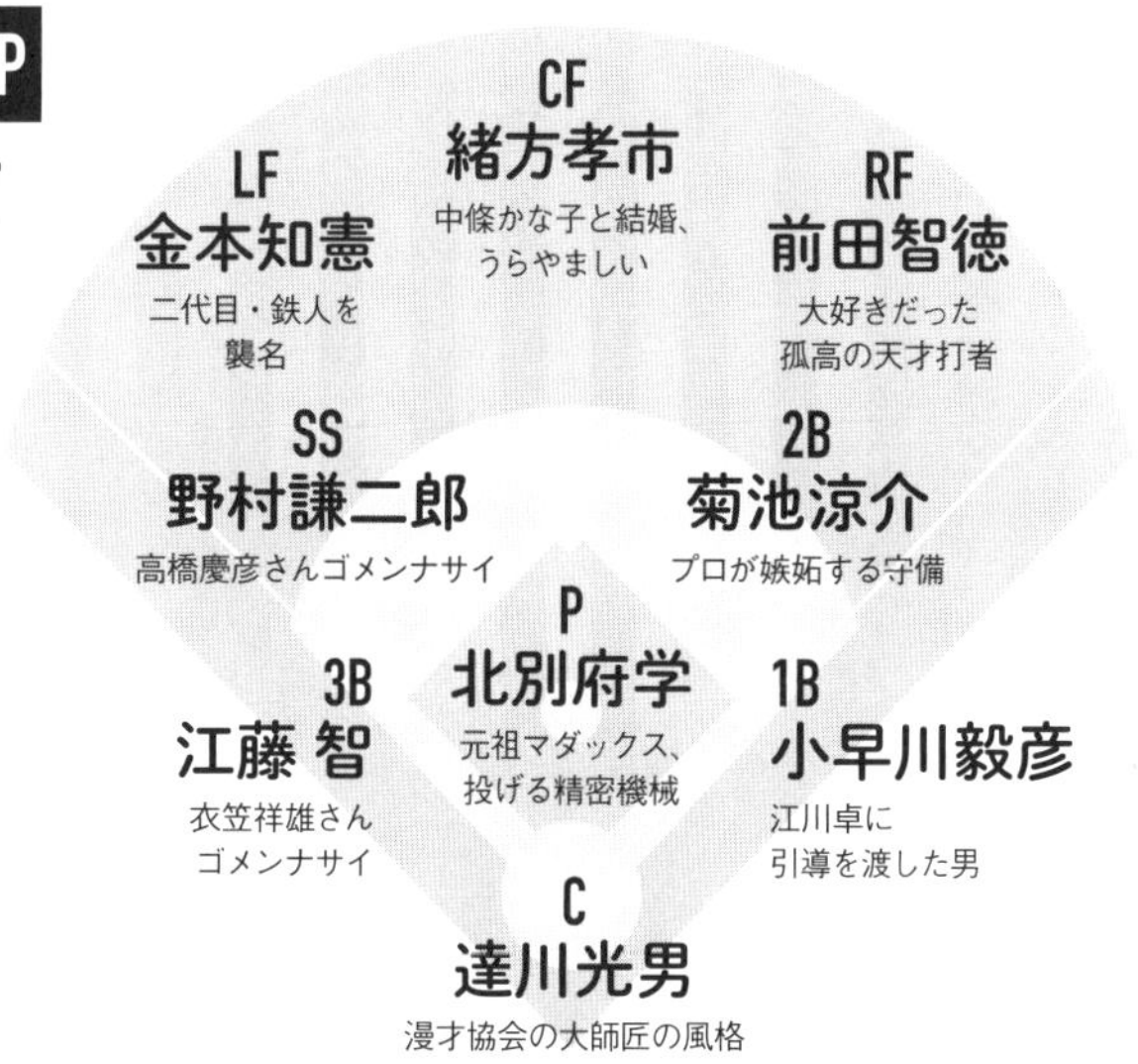

塙的 BEST 9

東京ヤクルトスワローズ編

遠い親戚となった ミスター・オープンスタンス 八重樫幸雄をどうするか？

——では、ヤクルト編をお願いします。

ヤクルトの印象は80年代後半から、急におしゃれというか、陽気で明るいチームカラーに変わったじゃないですか。あの印象がとても強いんですよね。

——関根潤三監督から野村克也監督にかけての時代ですね。

あの時代の象徴として真っ先に頭に浮かぶのが古田敦也ですね。古田さんて、メガネをかけていたから「のび太君」って呼ばれていたじゃないですか。それで、「のび太君がジャイアンツと戦ったら……」「ジャイアンツじゃないよ、ジャイアンだよ」「あと、シノヅカちゃんとツネオが……」「しずかちゃんとスネ夫だよ。渡邉恒雄は出てこないよ」って、ネタを作ったりもしましたね。

——『ドラえもん』の波状攻撃、最高です。

でもね、正直言えば八重樫幸雄も外したく

ないんですよ。何年か前にうちのいとこが結婚して「八重樫姓」になったんです。で、「昔ヤクルトに八重樫っていたんだよ」って話したら、まさかの八重樫さんの親戚だったんですよ。実は僕と八重樫さんは遠い親戚。本当は八重樫さんにしたいけど、親戚とは言え、やっぱり古田さんが順当だよね（笑）。

――あとは誰にしましょうか？

オマリーですね。阪神時代の印象が強いですけど、僕にとっては「強いヤクルトの象徴」でしたから。SEKAI NO OWARIってバンドが出てきたときに「セ界のオマリー」ってネタも作りました。

――セカオマ（笑）。さぁ、次は？

ショートは池山隆寛でしょ。池山さんはシンプルにカッコよかったから。ダイナミックな守備はジャイアンツファンの僕から見てもしびれましたよ。で、セカンドは土橋勝征。子どもの頃、僕はずっとメガネだったんですよ。だから、古田、土橋はメガネ少年にとっては希望の星、憧れの存在でしたから。

――あと、サードがまだですね。

サードは誰がいたっけ。あ、角富士夫とか、デシンセイとか、長嶋一茂とかいましたね。でも、僕の印象としてはハウエルですね。ヤクルト時代は好きじゃなかったんですよ。

――巨人相手に打つから？

いや顔がヒョードルみたいだったし、格闘家みたいで見た目が怖かったじゃないですか。でも、巨人に入ってきたら優しい一面を知っ

SWALLOWS

て一気に好きになりましたね。逆にいい人そうに見えて、実はイヤなヤツだったのが横浜のロバート・ローズ(笑)。

若松勉にはホントによく打たれた

――あとは外野手の3人とピッチャーです。

外野手はホージーかな？

――97年にホームラン王を獲得したけど、その1年だけでしたよ、活躍したのは（笑）。

確かにそうなんだけど、1年目はめちゃくちゃ大活躍したのに、2年目にあっさりクビになって「プロってやっぱりシビアだな」って。一発屋芸人の悲哀的なね。

――なるほど、確かにそうですね。

あとは飯田哲也、青木宣親もよかったし、真中満もいましたよね。……あっ、大事な人を忘れてた。若松勉ですよ。若松さんはとにかく代打で打ちまくっていて、「この人何なの？」って思ってたら、兄たちが「昔はすげぇ打ってたんだよ」っていうのを聞いて、すごく記憶に残っているんですよね。

――じゃあ、ホージー、若松と続いて、残り1名は誰にしましょうか？

青木宣親かな。メジャーでも活躍して、アラフォーになっても、バリバリのレギュラー選手だし、キャプテンとしてのリーダーシップも優れているから。

――ではラスト、ピッチャーは誰でしょう？

伊藤智仁ですね。プロ野球に僕が一番夢中になっていた頃、「とんでもねぇピッチャーが出てきたな」って驚きましたから。あの高速スライダー、誰も打てないですよ。

——93年6月9日、巨人相手に16奪三振したものの、篠塚和典さんにサヨナラホームランを打たれた試合もありましたね。

その試合、よく覚えていますよ。あの伊藤智仁からよくサヨナラ勝ちしましたよね。ジャイアンツファンからしたら、伊藤智仁が先発するときは「1点取れるか、どうか」だし、相手に2点取られたら、「今日はもうダメだ」って勝負でしたから。もう、あれだけのピッチャーは出てこないんじゃないですか？ 個人的に「もうダメだ」って思ったのは、この伊藤智仁と大魔神・佐々木主浩でしたね。もう、完全にお手上げでしたから。

SWALLOWS

塙的 BEST 9

横浜DeNAベイスターズ編

ロバート・ローズはいい人そうに見えて、実はイヤなヤツだった?

——セ界ラストは横浜DeNAベイスターズ。前身の大洋時代も含めてお願いします。

僕の中の横浜のイメージってマシンガン打線なんで、その中心にいた鈴木尚典、石井琢朗は絶対に外せないんですよね。

——「マシンガン打線」ということは、98年の日本一メンバーですね。そうすると、「レフト・鈴木尚典」「ショート・石井琢朗」となりますね。

あとはロバート・ローズね。確か中日戦だったと思うんだけど、ものすごい乱闘劇があったんですよ。

——中日・与田剛の執拗な内角攻めに怒ったグレン・ブラッグスが、マウンド上の与田さんに向かって突進した場面ですね。

そうそう、その場面ですよ。このとき、ローズが後ろから与田さんを羽交い絞めにしてアシストしてるんですよ。一部には「与田さんを守ったんだ」という説もあるけど、僕はそうは思わないですね。ローズとブラッグスの連係プレーだと思いますよ。

――それが132ページで言っていた「いい人そうに見えて、実はイヤなヤツ」ということだったんですね（笑）。

そうそう（笑）。でも、あれだけ打っていたのも事実だから、悔しいけど、「セカンド・ローズ」もベストナイン入りです。

――キャッチャーはどうしましょうか？

キャッチャーは谷繁元信で決まりでしょう。他にいないじゃないですか。

――いやいや、先ほど、中日のベストナインでは「僕にとっては《谷繁＝中日》です」って言っていたじゃないですか（笑）。

言いましたっけ？（笑）。でも、谷繁は横浜のイメージもやっぱり強いですよ。大魔神・佐々木や大矢明彦監督に鍛えられて一流キャッチャーの仲間入りして、それがあって中日でも活躍したわけだから、横浜が谷繁の原点なんです。

――わかりました。では、特例として谷繁さんは中日、横浜の2チームでのダブル受賞としましょう。

で、ファーストはやっぱり駒田徳広さんでしょう（笑）。

――ご承知のとおり、駒田徳広さんは巨人でもベストナイン入りしています（笑）。

ベテランになってからの駒田さんもいい活躍していましたよね。2000安打を達成し

BAYSTARS

たのは横浜だったし、98年の日本一のときにはチームの中心だったし、ここは「ファースト・駒田」でもいいんじゃないですかね。

加藤博一の絶妙なトークテク

――ピッチャーはどうしましょう？　平松政次、遠藤一彦、大魔神・佐々木主浩、三浦大輔……と好投手は何人もいますね。

ここは迷いナシです。ピッチャーは大魔神しかいないでしょう。あれだけ落差のあるフォークボールは見たことないですね。安定感も抜群だったし、「大魔神が出てきたらもうおしまいだ」と本気で思ってましたから。

――では、残りはサードと、鈴木尚典以外の外野手2名です。

サードは進藤達哉ですね。若い頃からいぶし銀じゃないですか。ああいうタイプの選手も好きなんですよね。マシンガン打線の頃もすごいバッターの中に入って、ほぼフル出場（124試合）だったし。目立たないけど、地味に自分の仕事をするタイプの選手はきちんと評価したいと思いますよね。

――では外野手2名をお願いします。

やっぱり、ブラッグスですね。在籍は93～96年でベイスターズの日本一には貢献したわけじゃないけど、僕がいちばん夢中で野球を見ていた時期の助っ人なんで、インパクトが強いんですよね。

――では、ラスト1人は？

ちょっと時代はズレちゃうけど、屋鋪要で

すかね。俊足で口ヒゲ姿が印象的だな。後にジャイアンツにも移籍したけど、やっぱり「大洋の屋鋪」のイメージが強いですね。

——屋鋪、高木豊、加藤博一の「スーパーカートリオ」は話題になりましたね。

ホントは「セカンド・高木豊」も捨てがたいし、加藤博一さんも入れたいんですよ。加藤さんは僕らの高校の学園祭に来てくれたことがあったんですよ。

——地元の佐賀出身ですもんね。

トークショーだったんだけど、メチャクチャ笑いをとっていて、「すげえな、加藤」って驚きましたよ。野球選手なのに、芸人の師匠クラスのような風格で笑わせていましたから。若くして亡くなったのが残念でしたね。

BAYSTARS BEST 9

CF 屋鋪 要
ダンディーなヒゲと俊足が魅力

LF 鈴木尚典
シュアな打撃が好きだった

RF ブラッグス
身体能力がエゲつない

SS 石井琢朗
攻守ともに華のあるスター

2B ローズ
イヤなヤツだけど貢献度は大

P 佐々木主浩
見たこともない落差のフォーク

3B 進藤達哉
いぶし銀のカッコよさ

1B 駒田徳広
祝・2球団同時ランクイン②

C 谷繁元信
祝・2球団同時ランクイン①

塙的 BEST 9

埼玉西武ライオンズ編

80年代黄金時代と現役選手が並んだ最強布陣が決定！

——塙さんが選ぶベストナイン。続いてはパ・リーグ編。まずは西武ライオンズから。

80年代から野球を見始めた僕にとって、当時のライオンズは完全な黄金時代でしたよね。もう、すべてのメンバーが完璧で、人材の宝庫でした。パッと浮かぶところで、「ファースト・清原和博」「セカンド・辻発彦」「ショート・石毛宏典」。まずはこの3選手かな。

——まったく異論はないですね。おっしゃるとおり、まさに「人材の宝庫」でした。

特に辻さんが好きでしたね。辻さんって佐賀出身じゃないですか。それだけで、当時佐賀在住の子どもにとっては親近感がわいて応援したくなるんですよね。しかも佐賀東高校出身で、うちの兄貴と一緒なんですよ。

——そうなると、「AKD砲」もランキング入りしてきますか？

秋山幸二、清原、デストラーデの「AKD

砲」はすごかったですよね。それによくネタにしましたよ。AKB48の話題のときには「AKD砲」と勘違いするネタをよくしましたね。あとは「センターのあっちゃん」って言って、前田敦子じゃなくて、「センター・秋山幸二」や、「センター・秋山翔吾」の話をしたり。

――センターはどうしましょう？　秋山幸二も秋山翔吾も捨てがたいですよ。

ここは2人とも選出しましょう。「ライト・秋山幸二」「センター・秋山翔吾」ということで。秋山幸二は三拍子そろったカッコよさがありましたよね。で、秋山翔吾は、個人的に番組でよく共演する仲だしね。

――NHK『球辞苑』では準レギュラーのように秋山翔吾さんは出演していますよね。

実績はものすごいメジャーリーガーなのに、ホントに彼は腰が低いんですよ。で、ラジオ好きで、僕の番組にも4年連続で出てもらっているんです。僕、仕事でプロ野球選手と一緒になっても、あんまりプライベートで友だちづきあいとかはしたくないタイプなんです。でも、秋山翔吾だけは友だちみたいな感覚なんですよね。自宅からジムに行くのも、「車だと時間がかかるから」という理由で電車移動してるんですよ。ホントに「地元の友だち」って感覚なんです。

――80年代後半からの黄金時代メンバーと現役の秋山翔吾の組み合わせはいいですね。

このままだと普通に80年代後半のレギュラ

LIONS

BEST 9
埼玉西武ライオンズ編

ー選手だけで歴代ベストナインが決まりそうなんで、それじゃあ面白くないから他の時代も考えたんですよ。そこで浮かんだのが「サード・中村剛也」ですね。

——おぉ、またまた現役選手が入ってきた。

おかわり君って、ずっとレギュラーを張り続けて、ベテランになってもホームランを打ちまくっているじゃないですか。落合博満さんが出ているYouTubeを見たときに、「唯一、アイツだけはいい打ち方している」って、おかわり君を絶賛してたんですよ。

——では、ピッチャー、キャッチャー、バッテリーを決めていきましょう。

頭に浮かぶのは東尾修、工藤公康、西口文也、松坂大輔なんですけど、僕がどうしても推したいのが石井丈裕なんですよ。92年のヤクルトとの日本シリーズ。あの年の石井ってメチャクチャすごかったですよね。特定のどの試合って言えないけど、たまたまテレビで見た試合で、ものすごいピッチングをしたんです。その印象が本当に強いので。

私的感情で「3人目」を選出

——キャッチャーはあの人ですね。

ですね。伊東勤しかいないでしょ。西武黄金時代の司令塔として、緻密な野球を体現した象徴のような人ですからね。今のソフトバンクの甲斐拓也じゃないけど、強いチームには名捕手アリなんですよね。

——ショートは石毛さんでいいですか？

ショートは松井稼頭央も捨てがたいんですけど、『球辞苑』でも、ゲストの方から「石毛がいたから西武は強かった」という話を聞いたことがあるので石毛さんにします。

――ではもう1人の外野手は？

ホントは栗山巧にしたいんです。でも、小関竜也を推します。小関さんって栃木の佐野出身で、U字工事と仲がよくて、その関係で僕も何回かご飯をご一緒したんですよ。渋いけど、パ・リーグの外野手連続無失策記録を保持していたこともあったいい選手ですから。

――13年に楽天・聖澤諒に破られるまでの記録保持者でしたね。

完全に私的感情なんですけど、まあ「塙的ベストナイン」ってことで（笑）。

塙的 BEST 9 福岡ソフトバンクホークス編

選手会納会に見た小久保と松中の知られざる素顔

——続いて、ソフトバンク編をお願いします。前身の南海、ダイエー時代も含めて選出を！

あんまり昔の記憶はないんだけど、南海、ダイエー時代で言えば門田博光、佐々木誠はベストナイン入りしてもいい逸材ですよね。そうなると、佐々木さんはライト、門田さんはDHということになるのかな？

——残りは現在のソフトバンク在籍選手から選ぶことになりそうですか？

キャッチャーもホントは野村克也が最有力候補なんだけど、僕の場合は城島健司ですね。甲斐拓也もすごいけど、僕が佐賀に住んでいた頃、城島人気はすごかったですから。王さん自らスカウトに行ったっていう話を聞いて、「ドラマを持った選手だな」って注目していたら、メジャーリーガーですからね。

——あとは思いつくまま挙げましょうか。

思いつくまま言えば、小久保裕紀、松中信

彦、井口資仁、この辺りは「強いダイエー」の中心選手で、真っ先に頭に浮かびますね。

――それぞれの選考理由と、ポジションを解説してもらってもいいですか。

以前、ソフトバンクの選手会納会に博多華丸・大吉の華丸さんと一緒にゲストで呼ばれたことがあるんですよ。選手会の納会だから偉い人が全然いない。コンパニオンの女の子がいるような席だから、めちゃくちゃワイワイガヤガヤしているんです。

――営業としてはやりづらい環境ですね。

そうなんですよ。で、そんな中で、僕らも漫才をしたんだけど、ほとんど誰も聞いていないのに小久保さんだけは背筋を伸ばして、うなずきながら拍手をして漫才を聞いてくれた。それはそれでやりづらいんだけど(笑)。

――小久保さんらしい、実直な人柄が伝わってきますね(笑)。

そのとき松中さんの横には誰も座ってなかったんですよ。たぶん、若手選手は恐れ多くて誰も近づけなかったんだと思うんです。後に『球辞苑』でご一緒したときに、「隣に誰もいなかったですね」って言ったんです。僕としては「そうなんですよ、誰も来なくて(笑)」ってなると思ったら、「いえ、そんなことないです」って頑なに否定されて変な空気になっちゃった(笑)。

――それもまた松中さんのキャラクターが垣間見えるエピソードですね(笑)。

で、その小久保さんがサード。松中さんが

HAWKS

ファーストということにしましょうか。

井口のせいで唯一の夫婦喧嘩に

――セカンドは井口資仁さんですか?

僕、結婚して今年で12年になるんですけど、奥さんとほとんどケンカしたことないんですよ。でも、唯一のケンカが実は井口が原因なんです。

――まったく野球と関係なさそうだけど、ぜひ続きを聞かせてください(笑)。

テレビを見ていて「井口に打ってほしいな」って言ったら、奥さんが「どうしてイグチなんて日本人みたいな呼び方をするのよ」って、井口のことを外国人と勘違いしてるんです。

――顔が濃いから?

そう、濃いから(笑)。だから「いやいや、彼は青山学院出身で……」みたいに説明したら、「この外国人が青学のはずないじゃない。くだらないこと言わなくていいから」ってまったく聞く耳を持とうとしなくて、それで唯一の言い争いになったんですよ。

――「非野球エピソード」ありがとうございます(笑)。ではピッチャー、ショートは?

ピッチャーは斉藤和巳でしょ。巨人・斎藤雅樹のように無双状態で、ヤクルト・伊藤智仁のように悲劇性もあって、「ザ・ピッチャー」というイメージそのものですから。ショートは現役の今宮健太。彼の守備力も異次元ですよね。日本シリーズでジャイアンツと対戦したときも、結構今宮の守備にやられてるんですよ。敵として、すごくイヤな選手ですね。

――あとは外野手２名です。

外野はギータと村松かな？

――村松さんとは、面白い人選ですね。

柳田悠岐は順当な選考だと思うんですけど、村松は昔から好きだったんですよ。弱い時代から強くなっていく時期の象徴。それが村松さんですね。

――で、ＤＨは門田博光さんですね。

いや、スイマセン。門田さんにしようと思ったけど、ミッチェルを忘れてました。初登場で満塁ホームランを打ったのに、その後は問題行動ばかりですぐに退団。とにかく印象に残る助っ人でしたよね。インパクト勝負の一発屋芸人みたいで忘れられないんです。

HAWKS BEST 9

CF
柳田悠岐
すべてが
そろった天才

LF
村松有人
黙々と働く
仕事人

RF
佐々木誠
ヘルメット姿が
素敵

SS
今宮健太
惚れ惚れする鉄壁の守備

2B
井口資仁
唯一の夫婦喧嘩の原因に

P
斉藤和巳
無双と悲劇の
二面性

3B
小久保裕紀
熱心に漫才を聞いてくれた

1B
松中信彦
生真面目な人柄に好感

DH
ミッチェル
強烈な一発屋助っ人

C
城島健司
日本人唯一のメジャー捕手

塙的 BEST 9

北海道日本ハムファイターズ編

「中田翔は霜降り・粗品 田中賢介は麒麟・川島 野球とお笑いの相関関係」

——続いて北海道日本ハムファイターズにいきましょう。前身の東映、日拓時代も含めてですが、さすがに記憶はないですよね？

うん。張本勲さんがいた頃は生まれる前でしたから、日本ハムの選手中心になりますね。

そうそう、意外にも日本ハムの外国人選手は漫才のネタに多くしましたよ。

——どんなネタですか？

コンビニの設定で「オバンドー温めますか？」「お弁当みたいに言うなよ。初めからやり直せ」って言われて、店に入るときに「ウインタース」って自動ドアが開くという(笑)。あと、ブリトーを買うネタも入れました。

——日ハム助っ人かぶせですね(笑)。

そうそう、意外と日本ハムもネタにしているんですけど、僕の中で「日本ハム」といったら、真っ先に小笠原道大が浮かびますね。

——東京ドーム時代から北海道・札幌ドーム

時代にかけてのスター選手ですね。

後にジャイアンツに移籍したけど、僕にとってはサード・小笠原ですね。ショートは金子誠。金子さんって我孫子出身で、地元が一緒なんでここはちゃんと推したいですね。

――またも縁故選出(笑)。ピッチャーは誰にしますか？

大谷翔平も捨てがたいけど、やっぱりダルビッシュ有かな？「ダルビッシュって、あんなにお金持ちなのにどうして有限会社のままなのかな？」「有限会社じゃないよ。《有》って名前なんだよ。いずれ株式会社になるわけじゃないよ」ってネタもあります(笑)。

――最高です。ネタの面白さも含めて、大谷ではなくダルビッシュにしましょう。

大谷翔平はＤＨで選びましょうか。僕、「大谷論」を語れるんですよ。

――ぜひ、聞かせてください。

大谷って、この年になるまで童貞どころか、一度もオナニーすらしたことないんですよ、間違いなく。普通の選手は中学生ぐらいにオナニーを覚えて著しく体力を消耗する。しかも、ヒジを酷使してしまうんです。

――そんなに激しいオナニーしませんよ。

いや、あれだけの肉体的ポテンシャルがあるから普通の人とは違うんです。だから、無駄な時間も過ごしていないし、体力も精子も消耗していないからエネルギーが人一倍ある。僕だって、オナニーさえ覚えてなければ今頃１６０キロ投げれたと思うんです。

——メチャクチャな「大谷論」だ。

だって、松井秀喜もＡＶ好きを公言してからケガが多くなったじゃないですか。ＡＶばっかり見ていると視力も悪くなるし、打撃にも悪影響なんですよ。

新庄剛志はダブル受賞

——「大谷論」で約20行費やしてしまいました。引き続きベストナインをお願いします。

キャッチャーは田村藤夫。現役時代は「怖そうなオッサンだな」ってイメージだったけど、最近の辛口解説を聞いていて、「いいこと言うな」ってイメージが一気に変わったので。ダイエーにも在籍していましたしね。

——ファースト、セカンドはいかがですか？

一塁は中田翔です。大阪桐蔭高校時代からずっと見ていましたけど、プロ入り後も何だかんだ言っても、ずっと注目を浴びて日本ハムを引っ張ってきましたから。霜降り明星の粗品みたいなタイプかな？　早熟の天才というイメージ。まさか、ジャイアンツ入りするとは思わなかったけど（笑）。で、セカンドは田中賢介。麒麟の川島明さんタイプで、何でもソツなくこなせるタイプですよね。

——芸人さんで例えるのはいいですね。

田中賢介も川島さんも、それぞれ野球、お笑いをよく知ってるタイプだと思うんです。そういう人がいるとチーム、番組はすごく助かるんですよ。

——外野手はどうしましょう？

まずは「お弁当」のオバンドー。漫才のネタ以外、特に思い入れはないですけど（笑）。あとはＳＨＩＮＪＯですね。彼を見ていると「プロ野球にはスターが必要だ」って思いますよ。移転したばかりの日本ハムが注目を集めたのは新庄の功績なのは間違いないから。

――新庄さんは阪神に続いてのダブル受賞です。さて、残る１人は？

稲葉篤紀さんは『アメトーーク！』の「運動神経悪い芸人」のときに僕たちのチームの監督をしてくれました。でも、僕とザブングルの松尾（陽介）さん以外は全然野球に関心がなくて、稲葉さんのことを知らなかったんだけど、僕も実は「稲葉ジャパン」の一員なんですよ。

FIGHTERS

塙的 BEST 9 オリックス・バファローズ編

日本の誇るスーパースター イチローは、漫才ネタでも超一流

——続いてはオリックス・バファローズ編です。前身の阪急時代も含めてお願いします。

オリックスは外野手からいきましょう！

まずはイチロー。彼を外しちゃ絶対にダメだし、誰からも異論はないでしょ。イチローさんには本当にたくさんの漫才ネタを作らせてもらいました。

——いくつか紹介してください。

たとえばヤホー漫才。イチローのことを調べて、「愛工大停電高校から……」「名電だよ」から始まって、「扇千景監督に出会って……」「仰木監督だよ」って展開して、イチローが鳥羽一郎になったり、シアトル・マリナーズが渡辺満里奈ーズになったり、走攻守を紹興酒に言い間違えたり……。イチローだけでいくら稼がせてもらったか。ナイツにもイチロー効果はありましたね、間違いなく。

——1人の選手で、いろいろ展開できるのも

スーパースターならではですね。

ホントにそうなんです。イチローさんのことはみんなが知ってるから彼だけで４分もつんです。他の選手の場合はどんどんマニアックにして、「そんなこと誰も知らないよ」って逃げるんですけど、イチローさんの場合はその必要がない数少ない野球人ですよ。

――では、外野手の残り２人は？

吉田正尚ですね。侍ジャパンでも存在感を発揮していたし、個人的に現役ナンバーワンの打者だと思いますね。で、もう一人は、現役時代の記憶はほとんどないし、お会いしたこともないけど福本豊です。国民栄誉賞を辞退するエピソードも好きだし、実績はもちろんだけど、人間的な部分も大好きですね。

――「国民栄誉賞をもらったら立ちションもできなくなる」と言ったそうですね。

大選手なのに庶民派というか、生き方がロックですよ。筋の通った生き方だし、一貫したポリシーを持っていると思います。

――昭和、平成、令和の名選手が並ぶ、美しい外野陣ですね。ではピッチャーは？

現役の山本由伸を推したいところなんですけど、個人的な思い入れで言えば平井正史ですね。オリックスが連覇した95、96年は大活躍でしたから。95年なんて、抑えで15勝もして27セーブですよ。最多勝と最多セーブを同時に獲れる勢いでしたから。で、この年のイチローはあと３本でホームラン王を逃したんですけど、それがあれば打撃六冠独占だった

BUFFALOES

んですよ。印象深い年ですね、95年は。

野球ゲームの恐るべき影響力

――さすが記録マニア。キャッチャーは？

現監督の中嶋聡かな？　中嶋さんの場合はとにかく肩が強かったので、いつもゲームで起用していました。『パワプロ』でも、常に肩が「A」でしたからね。

――子どもの頃はゲームで覚えますからね。

そうそう。テレビ中継がないから、オリックスの選手のことはよく知らないのに、「中嶋は肩がいい」って、みんな知っていましたから。続いて内野陣にいきますか。ファーストはブーマーですね。何しろ三冠王ですから、インパクトは強かったです。今、漫才協会にもブーマーさんはいますけど、何も関係ないですけどね（笑）。で、セカンドは福良淳一。阪神の久慈とか、こういういぶし銀タイプの選手が僕は大好きなんです。

――では、ショート、サードは？

ショートも福良タイプで小川博文ですね。イチローみたいなスーパースターの陰に、福良さんとか小川さんがいたらホッとするし、頼りになるじゃないですか。

――スター集団もいいけど、その中で黙々と自分の役割に徹する仕事人がいると、本当に強いチームになりますしね。

そしてサードは松永浩美。松永さんも華のある選手でしたよね。顔は「友だちのオヤジ」みたいな顔だけど、とにかくよく打ったから。

僕の中では高橋慶彦、秋山幸二、あと蓑田浩二。松永さんはこの選手たちと同じラインというのかな？　とにかく頼りになる選手というイメージなんです。

——言いたいことはよくわかります。本当に身体能力に優れてカッコよかったです。

そして、DHは石嶺和彦ですね。石嶺さんは『ファミスタ』でよく起用しました。石嶺さんも阪急時代からの名選手だけど、阪急の記憶はほとんどないのに、こうして今でも名前が挙がるんだから、ゲームの影響力ってホントにあなどれないですよ。今でもよく思いますよ、「あれ、石嶺ってどんなバッターだったっけ？」って。でも、名前だけはよく覚えてますから。

BUFFALOES

BUFFALOES BEST 9

CF
福本 豊
気さくな世界の盗塁王

LF
吉田正尚
現役最高峰の見事な打棒

RF
イチロー
文句なしのスーパースター

SS
小川博文
チームに必要ないぶし銀②

2B
福良淳一
チームに必要ないぶし銀①

P
平井正史
記憶に残る95年の無双状態

3B
松永浩美
身体能力抜群の万能男

1B
ブーマー
三冠王助っ人のインパクト

DH
石嶺和彦
ゲームで覚えたその名前

C
中嶋 聡
鉄砲肩がウリの現監督

塙的 BEST 9 千葉ロッテマリーンズ編

「里崎＝塙説」自分と同じ匂いがするその理由とは？

——では、千葉ロッテマリーンズ編。こちらも懐かしの川崎時代も含めてお願いします。

81ページでも言ったけど、まずはキャッチャーは里崎智也。里崎さんとはしょっちゅう番組収録で会っていますから。いつも「オレと似てるな」って思うんですよ。

——「里崎＝塙説」、あらためてその理由を教えてください。

里崎さんって、WBCでベストナインに選ばれたり、ロッテ日本一の立役者にはなってるけど、個人的にタイトルは持ってないじゃないですか。で、僕らナイツも漫才コンクールや大会でチャンピオンになっていない。大きなタイトルと無縁な点が第一ですね。

——第二の理由は？

里崎さんって、ものすごく口が達者でしょ。僕も、M-1審査員を務めているように物事を筋道立てて説明するのが得意なんです。もっと簡単に言えば「口がうまい」（笑）。世の中の現象をフリにして自分の意見を言う。自分でゼロから生み出すんじゃなくて、すでにあるものを使って、それを否定しながら自分の意見を言って納得させる。おんなじ手法なんです。同じ匂いを感じますね（笑）。

――なるほど、確かに納得です（笑）。次はどのポジションにしましょうか？

ファースト・福浦和也、セカンド・落合博満、ショート・西岡剛、サード・初芝清。次から次へと出てきますよ。

――1人ずつ聞いていきましょう。まずは福浦さんの選出理由は？

マセキ芸能社にカトゥーってお笑い芸人がいるんですけど、彼が千葉出身で高校時代に福浦と対戦経験があるんです。で、「1人だけ別格だった」って昔から聞いていたんですよね。プロでも首位打者のタイトルを獲って、2000安打を打って名球会に入って、僕ら世代で言えば「千葉の英雄」って、長嶋さんよりも福浦さんですよ。

――セカンドは、「中日・一塁」に続いて、再び落合さんの登場です。

落合さんはダブル受賞でいいでしょう。正直、ロッテ時代の記憶はないけど、現役引退後の存在感も含めて、その言動がついつい気になるタイプの数少ない人ですから。

「小宮山解説員」の思い出

――ショート・西岡剛さんの選考理由は？

MARINES

西岡剛はチャラいというのか、やんちゃなイメージでバッシングされたこともあったじゃないですか。でも、05年のバレンタイン監督時代のロッテの躍進は西岡のおかげですよ。実績、功績よりも評価が低いですよ。

――サード・初芝清さんは、どうして？

プライムビデオの『プロ野球そこそこ昔ばなし』という番組で、初芝さんにゲストで出てもらったんです。そのときに、テレビに出るとは思えないほど、ヨレヨレの服で登場して、「全然気にしない人なんだな」って思ったら、すごく好きになりましたね。あと、メガネだったのも高評価ポイントですね。

――では、ピッチャーはいかがでしょう？

小宮山悟ですね。あの独特のゴーグルもカッコよかったな。以前、2000年デビューのオードリー、ウーマンラッシュアワー、流れ星☆たちの『ミレニアムズ』っていう、すぐ終わっちゃった番組があったんですよ。

――よく覚えています(笑)。

流れ星☆のちゅうえいが天気予報のお姉さん役をやって、僕がニュースキャスターをやるコントがあったんですよ。そのとき、ひげを生やしてカツラかぶったら、めちゃくちゃ小宮山に似てたんです(笑)。それまでは「塙解説員」だったんだけど、翌週からは「小宮山解説員」になったんです。それ以来、小宮山が好きになりました(笑)。

――続いて外野手3人をお願いします。

岡田幸文ですね。石垣キャンプに行ったと

きに夜、岡田さんと食事をしたんです。そのとき「塙さん、ここは僕に払わせてください」って絶対に支払させてくれなかった(笑)。

——残り2選手、そしてDHは？

角中勝也と西村徳文。2人とも渋いな。角中は独立リーグ出身の首位打者でしょ。インディーズライブに出ていたマヂルラブリーがM-1チャンピオンになったような、夢のある選手ですよ。で、西村さんは監督時代に対談をしたことがあるんですけど、チームの土台作りに長けた人だなと思いますね。現役時代も引退後もチームに貢献している人ですから。DHはレロン・リーです。長年、生涯打率トップでしたから記録マニアにとっては外せない選手ですね。

MARINES

MARINES BEST 9

CF
岡田幸文
気遣いできるナイスガイ

LF
角中勝也
独立リーグ出身の希望

RF
西村徳文
土台作りに長けた人

SS
西岡 剛
やんちゃでも功績は大

2B
落合博満
引退後も存在感は健在

P
小宮山悟
何とも言えぬ親近感

3B
初芝 清
気さくな人柄に惚れた

1B
福浦和也
地元千葉出身の英雄

DH
レロン・リー
生涯打率上位の巧打者

C
里崎智也
自分と似てる口のうまさ

塙的 BEST 9

東北楽天ゴールデンイーグルス編

「駒大里田まい高校出身、13年日本一の立役者、田中将大の存在感」

――05年に誕生した東北楽天ゴールデンイーグルスのベストナインは？

ピッチャーは悩みました。マー君（田中将大）か、岩隈久志か……。正直、どっちでもいいんだけど、マー君はいろいろ漫才ネタにしたのでマー君にしましょう。

――どんなネタですか？

マー君のプロフィール紹介で「彼は駒大里田まい高校出身で……」「駒大苫小牧だよ。その頃からつき合ってないよ」とか、岩隈の話題に触れつつ「岩隈選手こと、いわくまー君が……」「岩隈はマー君って言われてないよ」とか。

――じゃあ、田中投手にしましょう（笑）。続いて、キャッチャーは誰でしょう？

嶋基宏しかいないでしょ。これは異論もないと思いますよ。で、ファーストは銀次。その名の通り、いぶし銀ですから。セカンドは藤田一也。銀次、藤田は楽天らしい渋さがいいな。

――ショート、サードはどうしますか？

ショートは初めから決まっているんですよ。もう絶対に松井稼頭央。ホントは西武のベストナインで選びたかったけど、ひとまず石毛さんに譲って、楽天では松井稼です。

――その理由は？

もう、理由なんかないでしょう。僕らの世代はみんな松井稼頭央に憧れましたよ。西武でもスター。メジャーリーガーにもなった。楽天でも渋い活躍をして、今も指導者として若手の未来を育てている。それが理由です。

――よくわかりました（笑）。

サードはマギーですね。ジャイアンツでも頑張ってくれました。ただ、僕としては阪神に入ってほしかったんですよ。

――どうしてですか？

マギーが阪神に入ればマギー司郎さんと絡めて「縦じまのユニフォームが横じまになっちゃった」ってネタができたんですよね。マギーだったら、マギー司郎、マギー審司と、いろいろアレンジできそうだしね。

――確かに見てみたかったです（笑）。

13年に楽天が日本一になったときはマギーも大活躍でしたよね。相手はジャイアンツだったから、あの年は悔しかったですよ。ちょうど国立演芸場で3日連続公演の最中だったんですよね。「プロ野球は一人、すごい選手がいれば勝てるんだな」って初めて思いまし

EAGLES

たよね。21年で言えば、阪神の佐藤輝明的な存在がいればチームは勢いづくんだなって。

AJと山﨑武司が悩ましい……

——では、外野手にいきましょうか？

まずは聖澤諒かな。彼、54盗塁した年があったでしょ？

——（手元の資料を見ながら）あっ、ありました。12年に54盗塁で盗塁王になってます。

あの年は特に速かった印象があるんですよ。日本一になった前後はずっと守備率も100％で無失策だったし、「いい外野手だな」ってずっと思ってたんで、まずは聖澤から。

——説得力のある選考理由です。続いて2人目は誰でしょうか？

ぶっちゃけ、外野手じゃなくてDHなんですけど、ここはアンドリュー・ジョーンズを挙げたいんですよね。

——DHとして、それとも外野手として？

外野手として（笑）。DHは山﨑武司にしたいんですよ。「もう現役引退か？」と言われている中でノムさんと出会って、最初は反発しつつも、やがて心酔して楽天でもうひと花咲かす……。そのドラマ性も含めて山﨑は外したくないんだけど、ジョーンズも外したくない。だから「レフト・AJ」「DH・山﨑」という布陣で選びたいんです。ここは「塙的ベストナイン」ということでご勘弁を（笑）。

——わかりました（笑）。では、AJを外せない理由は何でしょうか？

実績抜群のメジャーリーガーらしく、実際の成績以上にチームにいい影響力をもたらしてくれたと思うんですよね。

——では、外野手のラストは？

鉄平ですね。中日時代の印象はまったくないんだけど、楽天に移籍して首位打者を獲得して、「あぁ、チャンスは誰にでもあるんだな」ってことを教えてもらいましたよね。

——ここまで見てきて、塙さんの選考理由は優しいですよね。あと、「本当に野球が好きなんだな」ってよく伝わってきます。

ジャイアンツファンだけど、記録マニアだし、野球全体が大好きですから。もしも芽が出なかったら「野球漫才」だけで活路を見出そうとしてましたから(笑)。

EAGLES

BEST 9

CF
聖澤 諒
俊足堅守の好選手

LF
アンドリュー・ジョーンズ
一流選手の影響力

RF
鉄平
苦労はいつか報われる

SS
松井稼頭央
僕ら世代の超英雄

2B
藤田一也
堅実なプレーの安心感よ

P
田中将大
13年日本一の大立役者

3B
マギー
縦じまを横じまに……

1B
銀次
粘り強い打撃のいぶし銀

DH
山﨑武司
ノムさんとの出会いで再開花

C
嶋 基宏
ノムさん最後の教え子

塙的 BEST 9

近鉄バファローズ編

とことんボケ倒して、貪欲に笑いをかっさらう関西芸人のような球団

——一応、12球団すべてのベストナインは伺ったんですけど、どうしても近鉄バファローズも入れましょうよ。

ぜひ、近鉄ベストナインも考えましょうか。近鉄って、「いてまえ打線」って言われてたじゃないですか。

——とにかく、細かいことはいいから、打って、打って、打ちまくる。豪快な野球は見ていて楽しかったですね。

あの「いてまえ打線」って、お笑いで言うと、ボケて、ボケて、とことんボケまくる漫才なんですよ。例えて言えば、関西の賞レースでタイトルを総なめにするような漫才。千鳥とか笑い飯みたいな感じなんですよね。

——確かに緻密に伏線を積み重ねて、後で回収するような感じではないですよね。

もう、とことんボケ倒して、「もういいよ」ってぐらい、力技で笑いをとるようなイメージ。

男ウケする漫才なんです。で、それはそのまま僕にとっての近鉄のイメージなんですよ。

――なるほど。わかりやすい。確かに男ウケするチームでしたよね。では、近鉄ベストナイン。誰からいきましょうか？

思いつくまま挙げてみると、タフィ・ローズ、中村紀洋が真っ先に浮かびますね。「いてまえ打線」のシンボル的な存在ですからね。

――じゃあ、「レフト・ローズ」「サード・中村」としましょう。次はどうしましょう？

ちょっと時代が変わるけど、セカンドは大石大二郎にしたいですね。小柄だけど堅実な守備で、塁に出て足でかき回す。僕が好きな典型的なタイプで、子どもの頃から「いい選手だな」って思っていましたね。

――阪神・久慈、日本ハム・田中賢、オリックス・福良などなど、これまでの選考経緯を振り返ると、納得の選出です。

その流れでいくと、ショートは水口栄二にしたいですね。下位を打ったり、二番を任されたり、与えられた役割をきちんとこなしながら、長い間レギュラーを任されるのはカッコイイですよ。それに、「いてまえ打線」ばかりが注目されるからこそ、ああいうバイプレーヤーが生きてくるんですよね。

悩みに悩んだキャッチャー問題

――続いて、ピッチャー、キャッチャーはどうしましょうか。

ピッチャーは何も迷わないですよ。やっぱ

BUFFALOES

り、野茂英雄でしょう。90年のルーキーイヤーのインパクトはすごかったですからね。あの独特なトルネード投法も子どもたちにはインパクトがあったし、真似したくなるフォームだったし、実際に成績も残しましたからね。日本人メジャーリーガーのさきがけにもなったし、文句なしのランクインでしょう。ただ、キャッチャーが悩みに悩むんですよね。

――80年代は「アリナシコンビ」の有田修三、梨田昌孝がしのぎを削っていました。

そこなんですよ。正直、有田、梨田、どっちも印象がないんですよね。古久保健二とか、的山哲也とか、光山英和とか……90年代のキャッチャーも僕の中では記憶にあんまりないんですよ(笑)。

――記憶にある人といえば誰ですか？

北川博敏なんですよ。でも、北川って純粋なキャッチャーって感じがしないんですよね。阪神からの移籍組だし、一塁や三塁も多く守っていたし……。だけど、01年の「代打逆転サヨナラ満塁優勝決定本塁打」のインパクトはすごかったし……。

――塙さんの頭に最初に浮かんだのが北川選手なら、それでいいじゃないですか。

いいですかね。じゃあ、「キャッチャー・北川」にして、一塁は石井浩郎にしようかな？石井さんも最初に頭に浮かんだんで(笑)。

――ではローズ以外の外野手2名を！

一人目は、ソフトバンクの村松タイプということで大村直之。ああいうタイプが好きなんですよね。で、二人目が礒部公一。球界再編騒動時に、チームを代表していろいろ頑張っていたじゃないですか。結果的にチームは消滅してしまって……。ああいう姿を見ると、グッと感情移入しちゃいますよね。

——そして最後はDHです。

ブライアントですね。西武とのデッドヒートの主役は欠かせないでしょう。すごかった。

——球界再編騒動によって、04年限りでチームは消滅してしまったけど、冒頭で述べたように個性あふれるいいチームでしたね。

近鉄って本物の個性派集団で、いかにもパ・リーグらしいチームでしたよね。もしもあのとき、ホリエモンが球団を持っていたら、球界の歴史は変わったのかな？

BUFFALOES

BUFFALOES BEST 9

CF
大村直之
渋いけど
カッコいい

LF
タフィ・ローズ
いてまえ打線の象徴②

RF
礒部公一
球団消滅時の
リーダー

SS
水口栄二
必要不可欠な縁の下の力持ち

2B
大石大二郎
小柄で俊足、
大好きなタイプ

P
野茂英雄
完全無欠の
スーパーエース

3B
中村紀洋
いてまえ打線の象徴①

1B
石井浩郎
豪打を誇る国会議員

DH
ブライアント
西武に立ち向かった助っ人

C
北川博敏
「あの一発」のインパクト！

第5章 芸人版東京ダービー

スペシャル対談

巨人・塙 宣之 VS ヤクルト・出川哲朗

にぎやかし役／
長谷川晶一

性格と芸風と、ひいきチームの不思議な相関関係

日本が誇るリアクション芸人・出川哲朗。事務所の先輩で、バラエティー番組での共演多数なのに、意外にも「2人だけでじっくりと野球談義するのは初めて」（塙）ということで、塙のリクエストで実現した夢の芸人対談。宿命のライバル巨人とヤクルトを愛する「マセキ芸能社版・東京ダービー」をどうぞ！

期せずして露呈した塙の中の「巨人イズム」

――今回は同じマセキ芸能社所属であり、同じ東京を本拠地とする球団を愛する出川哲朗さんと塙さんのお二人に思う存分、野球について、ひいきチームについて語っていただきたいと思います。まずは出川さん、２０２１（令和３）年ペナントレース、ヤクルト優勝おめでとうございます！

出川　ありがとうございます！　ホントに嬉しいですよ。ただ、残念だったのがペナント終盤での巨人の大失速。あれは本当に残念だった。久しぶりに三つ巴の白熱した優勝争いが見たかったのに。やっぱり、「強い巨人を倒したい」というのが、子どもの頃からの思いなんでね。巨人は中田翔を獲ってる場合じゃないでしょ。

塙　どうもスイマセンでした（笑）。ジャイアンツファンの僕としても、「北村（拓己）のモチベーションはどうなるんだろう？」って思ったけど、その不安は的中しましたね。でも、その一方では「中田が活躍すれば万々歳だな」って思いもありましたけどね。

出川　あ、それでいいんだ？　聞きました、みなさん？　これが巨人ファンの本質ですよ。

塙　きちんとルール内で獲得しているわけですから。

出川　中田選手は僕も好きだけど、獲得してすぐに試合に使うのはどうかと思うよ。もしヤクルトが中田を獲得してすぐに試合に出したとしたら、たとえ活躍しても「おいおい、ちょっと……」ってなるのがヤクルトファンですから。好きか嫌いかじゃなくて、事件の後の無償トレードと考えると、「さすがに早すぎるよ」っていうのが普通の感覚だと思うけど、巨人ファンは「打てばいいけど、打てなきゃいらない」でしょ。この考え方がどうも……。巨人は何でも欲しがる、ミーハーなんですよ。

塙　いいですか、出川さん。仮に出川さんが「出川軍団」とか「出川協会」を作るとしたらですよ……。

出川　何よ、「出川軍団」「出川協会」って？

塙　僕は漫才協会の副会長なんですよ。今、お客さんが激減しているんです。M－1グランプリで活躍するような若手スターが全然いないんです。僕らも「何とかしなくちゃ」って、彼らのネタを見てあげてダメ出しして、必死に若手を育てようとしているけどまったく育つ気配がない。そこで最近思ったのが、「売れてるヤツを引っ張ってくれば早いや」ってことなんですよ……。

出川　もう、その考え方がすでに巨人的だよ（笑）。

塙　そう、巨人のやり方は正しいんですよ。今だったら、錦鯉を漫才協会に入れればお客さんも増えるんです。その考えの何が悪いんですか！　出川さんも僕の立場になったら、同じことを考えるはずですよ！

出川　普段一緒に野球観戦しているロッチの中岡（創一）とか、ずんの飯尾（和樹）くんはもう立派に活躍しているけど、たとえ売れてなくてもジョニ男（イワイガワ）とか、ゴリけんとか、昔からずっとかわいがっている仲間はいっぱいいるよ。「たとえ今は売れていなくても売れるのをじっくり待とう」というヤクルト球団のような思いは、キミにはないの？

塙　ちょっと待ってください、ジョニ男さんは漫才協会に入れれば間違いなくAランクですよ、即戦力として獲得したいですよ（笑）。

――FAで有望選手を獲得する巨人と、他球団で芽が出なかった選手を再生させるヤクルトとの気質の違いが如実に出た気がしますね（笑）。

出川　僕にはノムさんのように再生工場のようなことはできないけど、「いつかは売れてほしいな」って本当に願っていますよ。

塙　それじゃあ、遅いんですよ（笑）！　毎年勝たなくちゃいけないんですから！

――個人的には神宮球場のバックネット裏で、よく出川さんの姿を拝見しています。先ほど話題に出た中岡さん、飯尾さんたちと熱心に観戦していますよね。

出川　最初、中岡と知り合ったときに「出川さん、僕も野球好きなんで、連れて行ってくださいよ」って言われたんだよね。でも、僕は本物じゃなきゃイヤだから、「ホントに野球が好きなの？」って、ビジネス野球ファンじゃないかと疑って誘わなかったんだよね。

塙　誘ってあげればいいじゃないですか（笑）。

出川　でも、中岡の場合は何度も言ってくるから一緒に見に行くようになったんですよ。ただ、飯尾くんの場合は「僕、ヤクルトファンなんです」と言いつつ、神宮球場でビールを飲むのが好きな「にわか」だったけどね（笑）。

塙　いいじゃないですか、「にわか」だって。飯尾さんはヤクルトファンなんですよね？

出川　一応、「ヤクルトファンだ」って言ってるけど、そんなに詳しくないけどね。一度、ウド（鈴木）ちゃんと飯尾くんとゴルフに行ったときに、向こうから「おぉ、出川さん！」ってあいさつされたのが元ヤクルトの岩村（明憲）さんだったんだよね。岩村さんって普段からめちゃくちゃフレンドリーな人だから楽しく話していたんだけど、別れた後に飯尾くんが、「誰ですか。あの人は？」って、言ってたことがあったから（笑）。

塙　確かに「にわか」ですね。

出川　塙くんは誰と見に行ったりするの？

塙　僕の場合は、誰ですかね……。マギー（審司）さんとか、ハヤサカさんですね。

出川　ハヤサカさんって？
塙　人力舎の社員です。
出川　知らないよ！（笑）。そもそも、何で巨人ファンになったの？
塙　その辺の経緯はこの本の10ページに書いてあるんで読んでください（笑）。元々は「青い稲妻」の松本匡史が好きだったんですよ。出川さんはいつからヤクルトファンに？
出川　今日のユニフォームを見てもわかるように、背番号《22》の安田猛さんが大好きだったんだよね。僕らが子どもの頃は王（貞治）さんの全盛時代で、みんなが756号ホームランに熱狂していた頃だったから。でも、あの王さんが安田さんを全然打てない。背が小さくて、手足が短くてマウンドでヘラヘラしているのに。そこから安田さんに興味を持ってヤクルトが好きになって、78年に優勝、日本一。完全にハマったよね。
塙　僕の印象では、「ヤクルトって地味な球団だな」って感じですけどね（笑）。子どもから見たら、若松（勉）さん、八重樫（幸雄）さんはどうしても地味に見えますから。「どうせ優勝できないんだろうな」って思いでヤクルトを見てましたね。
出川　失礼すぎるよ！　ところで、塙くんって何歳なの？
塙　78年生まれの43歳です。
出川　え、まだそんなに若いの？　こんなベテラン感を出しているのに（笑）。

――さて、この本は「野球とお笑い」がメインテーマなんですけど、それぞれの芸風と野球の相関関係ってあると思いますか？

塙　あると思いますよ。僕は淡々とプレーする坂本勇人のような選手が好きですからね。

出川　僕の場合は感情を表に出す選手に惹かれるよね。村上宗隆なんて、打てないと本当に悔しそうな顔をするじゃない？　若い頃の青木宣親は淡々としていたけど、ベテランになって古巣に戻ってきてからは感情を表に出すよね。ああいう姿はいいよね。

塙　そこはナイツのスタイルとリアクション芸人の出川さんとの違いなんじゃないですか？

出川　あっ、うまい！　今のわかりやすかった。2019年、20年の日本シリーズって、巨人はまったくソフトバンクに歯が立たなかったでしょ。2年連続0勝4敗だったのに、巨人ナインって、そんなに悔しそうに見えなかったんだよね。あの巨人の姿って塙くんそのものだよね。

塙　それ、どういうことですか！

出川　スベってるのに、平然としてポーカーフェイスを保っている感じ（笑）。巨人の選手も塙くんも感情がないんですよ。もしも僕がプロ野球選手になったら、絶対に感情を表に出す選手になりたいけど、塙くんはそうじゃないでしょ？

塙　たぶん、感情は表に出さないでしょうね。元々の性格もあるけど、いろいろ試したんですよ。最初の頃はテンション高めで漫才していたんだけど、全然ウケない。自分のキャラクターを突き詰めていくと、今のスタイルになったんですよ。

出川　塙くんって、スベったときに「悔しい」っていう感情になることはあるの？

塙　それはありますよ。めちゃくちゃ悔しいし、「クソッ！」って思っていますよ。僕だって感情ありますから（笑）。普段、見せたことのない顔だってあるんですから。自宅で子どもと遊んでいるときなんて、どれだけテンションが高いことか（笑）。

出川　全然そうは見えないけどね。でも、最初に決めた自分のスタイルはなかなか崩しにくいっていうのはあるかもね。

塙　そうそう。一度、スタンスを決めてしまうと軌道修正が難しくなるんですよ。高橋由伸前監督なんか、まさにそうでしょ。本当は明るくて親しみやすいところがあるのに、最初にクールなイメージがついちゃったから、それを変えられなくなった。今の坂本や岡本和真も、同じ感じがしますよね。

――そうなると、塙さんは「坂本勇人タイプ」ということになりますか？

出川　それじゃあ、何かいい雰囲気になっちゃうじゃん。坂本なんてほめ過ぎだよ。

塙　坂本タイプか……、なかなかいいですね（笑）。

――じゃあ、出川さんは「村上宗隆タイプ」ということで（笑）。

出川　それもいいなぁ（笑）。でも、僕は清水昇が大好きなんですよ。いつも全力じゃないですか。ホームランの日本記録を作ったけど、それでもよくホームランを打たれたりもするんですよ。だけど、次の試合では決してひるまない。吠えたり、ガッツポーズしたり、ああいうタイプに憧れるんだよね。

塙　さっきの「キャラ変」の話で言えば、四千頭身の後藤（拓実）がそうですよね。

出川　あぁ、そうそう。タワーマンションに住んだり、外車買ったり、「作戦失敗したな」って言ってるもんね。

塙　そう言えるだけすごいですけどね。はじめに物静かなタイプで売り出しちゃうと、世間もそういう目で見ちゃいますから。とにかく、一度決めたスタイルはなかなか修正するのが難しいということですよ。

出川哲朗はホージーなのか、ラミレスなのか？

――この本の第２章では、「ソフトバンクの柳田悠岐はロバート・秋山さんだ」みたいに、塙さんが野球選手を芸人さんで、あるいは芸人さんを野球選手で例えています。

塙　ちなみに、僕自身も、自分のことを野球選手で例えたんですよ。

出川　塙くんは、自分のことを誰だと思ってるの？

塙　僕は里崎智也さん。元ロッテの。

出川　えっ、どうして？　どういう理由で？

塙　個人タイトルとは無縁なのに、妙に理屈っぽくて弁が立つから周りの人がけむに巻かれて、気がつ

「僕がプロ野球選手になったら、絶対に感情を出す選手になる」（出川）

でがわ・てつろう／1964年2月13日、神奈川県生まれ。横浜放送映画専門学院（現・日本映画大学）演劇科卒業。専門学校時代の同期であるウッチャンナンチャンらと「劇団SHA･LA･LA」を結成。以後、バラエティー番組を中心に活躍し、リアクション芸人としての地位を確立。大の燕党。ヤクルトファンクラブ初の名誉会員でもある。

けば納得させられているんです（笑）。

――ちなみに、里崎さん本人に塙さんの言葉を告げたら「僕もそう思う。僕は塙タイプ」と。

出川　そうかなぁ？　里崎さんは試合後にファンの前で歌を歌ったり、ファンサービスがすごかったけど、塙くんって、そういう感じじゃないもんな。強いて言うなら、元ヤクルトの土橋勝征タイプだね。黙々と自分の仕事をする職人気質。塙くんはコツコツとネタ作りに励んで、土橋はコツコツとバントに励むみたいな（笑）。

塙　バットのグリップを改良して短く持ってないけど、メガネからコンタクトにしたのは一緒です（笑）。

出川　でも感情は出さないのに、与えられたことをきちんとこなすタイプは玄人ウケするよね。

――では、出川さんは誰タイプですかね？

出川　僕？　誰だろう、自分では外国人タイプのような気がするんですよね。

塙　ヤクルトにいた（ドゥエイン・）ホージーかな？

出川　おぉ、ホージー。懐かしい、いいね、ホージー。……あっ、ダメだよ。来日1年目はホームラン王を獲ったけど、2年目はサッパリですぐにクビになっちゃったから（笑）。

塙　しょうがないなぁ（笑）。じゃあ、ラミちゃん（アレックス・ラミレス）がいいんじゃないですか？明るくてみんなから愛されて、息の長い活躍だし……。

出川　ラミちゃんに例えてもらえるなら最高、言うことないよ。

塙　……ラミレスってベネズエラ出身でしょ。ベネズエラの人って食事のときに水を飲む概念がないらしくて、コーラばっかり飲んでるそうなんですよ。

出川　それ、ホントのことなの？

塙　マジです、マジです。出川さんも食事のときに、いつもコーラばっかり飲んでますよね。その辺りもまさに「出川哲朗＝ラミレス説」ですよ。

出川　本当に口が達者だよね、塙くんは。確かにラミレスのような気がしてきたよ。そう考えたら、やっぱり、「塙くん＝里崎さん」なのかもしれないね（笑）。

「僕だってスベったときには、感情的になるんですよ（笑）」―（塙）

あとがきのようなもの

やっぱり、野球と漫才のしあわせな関係

完全に自分の趣味だけで作った一冊になりました。

あらためて振り返ってみると、趣味が仕事になっているのか、仕事が趣味になっているのか、自分でもよくわかりません（笑）。

野球も漫才も大好きな僕にとって、この本を作っている期間はまさに

至福のひとときとなりました。

頭の中で、僕は大谷翔平のような160キロのストレートをバンバン投げ、ダルビッシュ有のような切れ味鋭い変化球を投げ分けて、並み居る強打者たちから三振の山を築いています。

あるいは、剛速球をものともせずに、やはり大谷翔平のようにライトスタンドに豪快なホームランをぶち込み、イチローのようにどんな変化球でも右に左に打ち分けてヒットを量産しています。

もちろん、守備に就けば菊池涼介のように球際に強くて華麗にゲッツーを決め、新庄剛志のようなレーザービームで本塁でアウトを量産しています。

そうです、僕の脳内ではイメージトレーニングは完璧にできているんです。空想の世界では、漫才よりも野球のほうが断然上手なんです。

でも、悲しいかな、僕は「運動神経悪い芸人」。いくら頭で完璧にイメトレができていても、身体がそれに追いつかない。160キロのストレートを投げることも、右に左にヒットを打ち分けることもまったくできません。悲しいけど、それが現実なんですよね。

子どもの頃からプロ野球選手になるのが夢でした。でも、実際はキャッチボールもロクにできず、バッティングセンターに行っても80キロのボールですらバットに当たらない。

そんな僕が、なぜか漫才だけはプロとして上手に、面白くいられる才能に恵まれました。少年野球はすぐに挫折して練習にも行かなくなったのに、漫才に関しては高校時代も、大学時代も、卒業してプロになってからも飽きずに続けることができています。

野球に対してはいまだにコンプレックスの塊です。だから、ある一時期は勝手に野球選手に嫉妬していたこともありました。でも、漫才に関しては誰よりも一生懸命に努力している自信があります。漫才で頑張った結果、こうして大好きなプロ野球について好き勝手に語れる一冊を作る機会にも恵まれました。

野球も漫才も僕の人生に欠かせないものです。

これだけとことん野球について、お笑いについて、自分の考えを披露する機会を持ててよかったです。ぜひ、野球好きのみなさん、お笑い好きのみなさん、野球にもお笑いにも興味のない人にも楽しんでほしいと思います。

最後まで読んでいただいて、ありがとうございました。

では、そろそろゲームセットとしましょうか！

ありがとう、モスビー！

塙 宣之

おまけのあとがき

（この人は本当に野球が大好きなんだなぁ……）


塙さんの話し相手として、彼に会うたびにそう感じていた。

きっとシャイな人なのだろう。あるいはこちらを警戒しているのかもしれない。はじめはボソボソと小さな声でしゃべっているのに、気がつけばいつもテレビで見ているおなじみの「ナイツ・塙宣之」になっている。

彼が幼少期、青年期を過ごした80年代中盤から90年代にかけてのプロ野球の話題が怒涛の如く口を突いて出てくる。プロ野球に関する取材を続けている身としては「オレだって負けてないぞ」の自負はあるものの、とにかく彼の知識量はハンパなかった。

特に、自らを「記録マニアだ」と語るように、往年の名選手の通算成績はもちろん、特定年度の打率や防御率が次から次へと披露されることには驚いた。すぐに検索してみると、確かにそのとおりの数字が並んでいる。

（やっぱり、この人は根っからの野球ファンなんだなぁ……）

対話を重ねるたびに、その思いを強くするばかりだった。

野球への愛情と知識量に加えて、その話術は舌を巻くものだった。

一流の売れっ子漫才師にこんなことを言うのは失礼だけれど、「なんて面白い人なんだろう」と、腹を抱えて笑う場面は何度もあった。

第1章「塙の『極私的ジャイアンツ論』」では、アンチジャイアンツがしばしば口にする「空白の一日」や「金満補強」についてあえてぶつけてみた。次から次へと「ジャイアンツ愛」あふれる擁護論はとても新鮮で、ちょっと強引でとても面白かった。

第2章「野球と漫才のしあわせな関係」では、次から次へと繰り出される「塙の見立て」に舌を巻いた。多少強引な見立てであっても、彼の巧みな話術によって、「なるほど、確かにそれしかあり得ない」と思わせるのは一流漫才師ならではだった。

第3章「僕と野球と、漫才と」では、爆笑の合間に垣間見える「若者の苦悩」が印象的だった。何をやっても結果が出ない「青年・塙」を野球が、そしてお笑いが救った話。

第4章「『塙的ベストナイン』を作ってみたらこうなった！」は、ひたすら塙さんと思い出話、バカ話をしているうちに、気がつけばあっという間に完成していた。

そして、第5章「芸人版東京ダービー　巨人・塙宣之VSヤクルト・出川哲朗」は、愛する球団は違っていても、「野球」という共通項があって、売れっ子芸人同士であれば、こんなに楽しくなるのだと、隣で聞いていて本当に幸せな時間を過ごすことができた。

これまで、いろいろな「野球本」を書いてきたけれど、誤解を恐れずに言えば、ここまで気楽に、ここまで楽しく取り組めた仕事は初めてかもしれない。

ただただ横で笑っていただけで、あっという間にこんな一冊が完成していた――。

まったく「仕事」という気がしなかった（笑）。そんな一冊となった。

盟友・佐野文二郎さんのイラストも本書に彩りを添えてくれた。感謝。

野球と漫才のしあわせな関係――。

ぜひ、読者のみなさんもこの幸せな空間に身を委ねて、さらに野球を、そしてお笑いを愛していただければ、構成者としてこの上ない幸せである。

話し相手　長谷川晶一

特別企画1

ナイツ塙 宣之の『野球と漫才のしあわせな関係』

書き下ろし野球漫才

＃1「クイズ」

塙　東京五輪の侍ジャパンには感動しましたね

土屋　悲願の金メダルですからね

塙　今日は感動を思い出してほしくて、侍ジャパンのクイズを作ってきました

土　クイズですか？

塙　お答えください

土　急ですね、まぁでも楽しみです

塙 それでは第1問です。今大会大活躍だった坂本勇人選手ですが、坂本選手の打順は何番だったでしょうか？

土 これは簡単ですね。ずっと見てましたからね

塙 選択問題にさせて頂きます

土 しなくてもわかりますけどね

塙 一番：三番、二番：一番、三番：二番、四番：六番、五番…

土 ちょっとややこしいな、もういいよ

塙 途中で止めないでください

土 訳わからなくなるわ！ とにかく正解は二番でしょ

塙 二番は一番ですので山田になりますが

土 わかってるよ。打順が二番だって言ってるんだよ！　ややこしいから選択問題にするんだったらA、B、Cとかにしたら？

塙 なるほどわかりました。では第2問です。侍ジャパン不動の四番と言えば、鈴木誠也選手ですが…鈴木選手が所属している広島東洋カープのキャップに書かれているアルファベット一文字はなんでしょうか？

土 簡単過ぎるし、またちょっとおかしい予感するよ

塙 A：B、B：D、C：C、D：F、E：A…

土 ややこしいんだよ！　止めて

塙 まだ途中ですけど

土 もういいよ！　正解はCだよ！

塙 正解です！ 流石ですね

土 やるならせめてC：Cにするなよ！ さっきと違って面白くもないし！ 問題出すのが絶望的にセンスないな

塙 難しいな

土 自分で勝手に難しくしてるんだよ！ もうちょっと考えて問題出せよ

塙 では第3問です。侍ジャパンが予選ラウンドで対戦したチームと言えばドミニカ共和国ですが…そのドミニカ共和国で先発した巨人に所属している選手と言えば…

土 これは大丈夫かな、やっとちゃんと答えられそうだわ

塙 フルネームが○○メルセデスと言います。さて○○に入る文字は何でしょう？

土 確かアルファベット2文字だよね、大丈夫かな？

塙 A・D・G、B・Y・Y、C・K・F、D・H・A、E・C・S…

土 もういいよ

塙 さっきから途中で止めるなよ

土 無限にあるだろ、そのパターン！ もういいよ！ 答える気うせるよ

塙 正解はZのC・Cでした。C・Cメルセデスですからね

土 Zだったのかよ！ 最後まで待たなきゃいけなかったのかよ！ ていうか選択問題は禁止でお願いします！

塙 じゃあ10回クイズとかやります？

土 10回クイズ？ いいですけど野球関係ありますかね？

塙 ピザって10回言ってもらっていいですか？

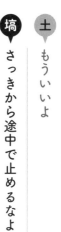

土　侍ジャパン関係あります？

塙　作ってきたのでお願いします

土　わかったよ。ピザ、ピザ、ピザ、ピザ、ピザ、ピザ、ピザ、ピザ、ピザ、ピザ！

塙　では千賀投手が今年、ケガした場所は？

土　どこだっけな、あっそっか、正解はヒジだ！

塙　残念！

土　違うの？

塙　正解は左足首靭帯でした
損傷したからね

土　ピザ関係ないだろ！　いい加減にしろ！

#2「大谷翔平」

塙　昨日、インターネットのヤホーで調べてたらすごい野球選手を見つけてしまったんですよ

土屋　と言いますと？

塙　大谷翔平って知ってますか？

土　今さらかよ！　さすがに無理あるだろ！

塙　調べてきたのでお話させて頂きます。大谷翔平は1994年7月5日岩手県奥州

市に生まれました

土 調べたんですね

塙 奥州市って言われてもあまりピンとこないですよね？ 旧水沢市です

土 いやそれ言われても別にピンときませんから

塙 父は社会人野球の選手、母はバドミントン選手というスポーツマン同士の禁断の恋を実らせて結婚します

土 世界的にそんなルールないだろ！

塙 小学3年生から野球を始め、小学5年生にして110キロを記録します。チーターと同じ速さで走ってたんですね

土 球速に決まってるだろ！ だとしたら今だいぶ足遅くなったな！

塙 少年時代に憧れた選手は打者では松井秀喜、投手ではダルビッシュ有です。本人は左投げ右打ちなのにね

土 右投げ左打ちだよ！ 本当に調べたのかよ

塙 同じ岩手県出身の投手・泉沢彰に憧れて、花巻東高校へ進学します

土 菊池雄星だよ！ よく調べたかもしれないけど西鉄ライオンズで1勝しかしてない昔の選手誰も知らないだろ！

塙 高校時代にあまちゃん史上初となる球速160キロを記録しました

土 アマチュアだよ！ あまちゃんも岩手だったけど！

塙 それがスカウトの肩に止まります

土 小鳥かよ！ 目に止まったんだよ！ 肩はすごいけどね

塙 本人は「メジャー」か「大リーグ」か「MLB」どこに進むか迷うんですね

土 全部一緒だろ！　メジャーに行く決意を表明するんですね

塙 しかしドラフトで日本ハムが今日行こう指名をします

土 強行指名だよ！　当日決めたみたいに言うなよ

塙 アメリカでやりたい気持ちはありましたが、栗山監督の「うちに入ったらハム食べ放題だよ」の一言で気持ちが変わり、日本ハムに入団する事になります

土 そんなわけないだろ！　なんならアメリカのほうがハムありそうだし

塙 その後は二刀流として大活躍。凄かったのが2016年ですよ。チームを日本一に導き、ベストナインでは史上初の投手と指名打者のダブル受賞を果たしました

土 高卒4年目ですからね、めちゃくちゃ凄いですよ

塙 芸人で例えるなら、僕が今からめちゃくちゃ練習してプロ野球選手になって投手と打者でベストナイン受賞するみたいなもんですからね

土 そのままじゃねえか！ 例えになってないんだよ！ 絶対なれないし

塙 しかし2017年オフにポスティングをするんですよね。お金に困ってたんですかね

土 ポスティングのバイトじゃねえよ！ ポスティングシステムを利用して満を持してメジャーに挑戦する事を決めたんですよね

塙 そして4年目の今シーズン、まずまずの結果を残しました

土 あの成績でまずまずって言っていいの本人だけだよ！

塙 日本中が「翔タイム」に興奮しました

土 毎日のニュースが楽しみでしたからね

塙 同僚をボコボコにしちゃうわけですからね

土 それは中田翔だよ！ あの暴行事件を「翔タイム」なんて呼んでないからね！

塙 これからは二刀流といわず、
五刀流いや八刀流を目指して頑張ってもらいたいですね

土 これ以上求めるなよ！
八刀流ってあと何やればいいんだよ！

塙 そんな水原一平を覚えて
頂きましたでしょうか？

土 それは大谷の通訳だよ！ いい加減にしろ！

塙 宣之
完全監修

選手名鑑

凡例

掲載した芸人は漫才協会に所属する師匠クラスを中心に塙宣之のチョイスによるもの。名鑑の順番は基本的には漫才協会公式ホームページ内の並び順。「ポジション」「TYPE」は各芸人をプロ野球選手に置き換えた際のイメージを塙の独断と偏見で決定したもの。

①生年月日 ②投打 ③身長・体重 ④出身地 ⑤血液型 ⑥主な経歴 ⑦漫才協会への「貢献度」を塙が独自に査定した金額 ⑧好きな異性のタイプ ⑨お笑い獲得タイトル。ノンタイトルの場合はこの世界に入ってからの思い出のシーン ⑩愛車 ⑪趣味・特技 ⑫塙による寸評。掲載したデータは2021年11月現在。

ナイツ | **塙《はなわ》 宣之《のぶゆき》**

TYPE 里崎智也

捕手

①1978年３月27日生まれ ②右投右打
③173cm65kg ④千葉県 ⑤Ａ型
⑥龍谷高－創価大－マセキ芸能社 ⑦18億3000万 ⑧岡江久美子 ⑨2003年漫才新人大賞受賞、第33回浅草芸能大賞奨励賞受賞ほか多数 ⑩MINI ⑪プロ野球の記録を覚えること、ドラマ「北の国から」鑑賞 ⑫規格外のお笑い脳を持つエンターテイナー。副会長として漫才協会も束ねる実力派が俳優業との二刀流で天下取りに挑む。

特別企画2

プロ野球選手
名鑑風

漫才協会所属

おもしろ芸人

漫才協会に所属する芸人たちを『週刊ベースボール』の
選手名鑑風に紹介したらどうなる!?
そんな思いつきからホンキで作っちゃった芸人選手名鑑。
塙宣之の完全監修のもとで制作された、
総勢57人のおもしろ名鑑をどうぞお楽しみください。

協力／一般社団法人 漫才協会

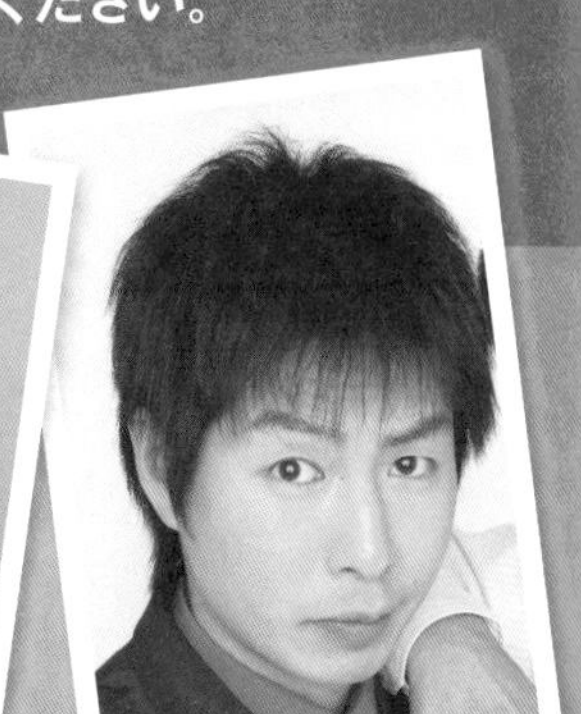

青空 球児・好児｜ **青空球児《あおぞらきゅうじ》**

TYPE 与那嶺要 外野手

❶1941年８月17日生まれ ❷右投右打
❸180cm60kg ❹神奈川県 ❺Ｏ型
❻高輪高－アメリカンボトラーズ－コロムビア・トップに師事－トリオなど ❼２億5000万 ❽吉永小百合 ❾第21回NHK漫才コンクール優勝ほか ❿免許を返納したので現在は乗っておらず ⓫ギャンブル ⓬「ゲロゲ～ロ」で一世を風靡した漫才協会の会長。ここ数年、腰痛により激しい動きはできないが、卓越した話術は必見。

青空 球児・好児｜ **青空好児《あおぞらこうじ》**

TYPE 高橋一三 投手

❶1943年10月２日生まれ
❷左投？打（野球はやったことがない）
❸168cm64kg ❹東京都 ❺Ｂ型
❻芸能学校－東宝－ストリップの世界－トリオ－現在（石原プロ、ホリプロも） ❼２億 ❽研ナオコ ❾第21回NHK漫才コンクール優勝ほか ❿ホンダ ⓫植木 ⓬漫才師と区議会議員として活動する二刀流。優しい語り口の中にも垣間見える正義感で協会一人望が厚い。

おぼん・こぼん｜ **おぼん**

TYPE 江本孟紀 投手

❶1949年２月２日生まれ ❷右投右打
❸170cm62kg ❹大阪府 ❺Ｂ型
❻履正社高－浅草マンキース ❼５億2000万 ❽小泉今日子 ❾NHK漫才コンクール特別賞、フジサンケイ特別賞 ❿ベンツ ⓫ゴルフ、漫才、トロンボーン、算盤１級、簿記３級 ⓬相方との不仲期を乗り越えて、ますますパワーアップした漫才協会一の暴れん坊。今シーズンの契約更改では大幅アップ（貢献度）が期待される。

おぼん・こぼん｜ **こぼん**

TYPE 伊東勤 捕手

❶1948年12月24日生まれ ❷左投左打
❸158cm57kg ❹大阪府 ❺Ｏ型
❻大阪福島商高－映プロ－サワズ－トービック ❼４億8000万 ❽仲間由紀恵 ❾フジサンケイグループ演芸大賞新人賞ほか ❿日産フィガロ（平成２年車） ⓫特技はみんな仕事になっている。趣味はありません ⓬10年ぶりに相方・おぼんと同じユニフォームに袖を通し話題に。巧みな話術と堅実なツッコミは若手の手本。声が高い。

❼金額は漫才協会への貢献度 ❽好きな異性のタイプ ❾お笑い獲得タイトル。ノンタイトルの場合はこの世界に入ってからの思い出のシーン ❿愛車 ⓫趣味・特技 ⓬塙による寸評

昭和のいる・こいる｜昭和《しょうわ》こいる

TYPE カズ山本

外野手

❶1944年１月26日生まれ ❷右投右打
❸160cm58kg ❹群馬県 ❺O型
❻日大芸術－てんやわんやに弟子入り－山崎事務所－シュプール ❼6000万 ❽今はいない！ ❾NHK漫才コンクール優勝（昭和51年）、国立演芸場花形銀賞（昭和52年）ほか ❿なし ⓫今はなし！ ⓬50代で大ブレークした「のいる・こいる」により、漫才協会は窮地を脱することができた。ただ、これにより遅咲き志望の芸人が増えてしまう。

岸《きし》野《の》猛《たけし》

TYPE 新浦寿夫

投手

❶1935年5月24日生まれ ❷右投両打
❸173cm60kg ❹東京都 ❺AB型
❻開成高－榎本建一主宰の映演プロダクション－東洋プロダクション ❼2800万 ❽それをどうのこうの云う年を越えた（無念！） ❾新宿ミュージックホールにて三波伸介と５年間コンビで舞台に立った ⓫JRA（中央競馬）50年 ⓬現役時代はナンセンストリオの一員として旗上げゲームで一世を風靡。引退した現在もなぜか東洋館の舞台に立ち続けている。

東城《とうじょう》けん

TYPE 小早川毅彦

内野手

❶1948年８月14日生まれ ❷右投右打
❸164cm66kg ❹福島県 ❺Ａ型
❻春日八郎の付き人－Ｗけんじ弟子－太田プロ－トービック ❼2500万 ❾NHK漫才コンクール第23回最優秀賞 ❿自転車 ⓫なし ⓬元々は「Ｗモアモア」というお笑いコンビで長く演芸界で活動していたが、方向性の違いにより惜しまれつつ解散。実力は折り紙付きで、客を惹きつける技術は漫才協会一。

東京太・ゆめ子｜東《あずま》 京《きょう》太《た》

TYPE 大杉勝男

内野手

❶1943年７月21日生まれ ❷右投右打
❸158cm55kg ❹栃木県 ❺Ａ型
❻1962年漫才協団（現漫才協会）入会 ❼１億5000万 ❽東ゆめ子 ❾1968年NHK漫才コンクール優勝、2010年文化庁芸術祭大賞 ❿ボルボ（今は高齢者のため、乗ってない） ⓫競輪、競艇、麻雀（今はすべてやってない） ⓬ゆめ子との夫婦漫才で芸術祭大賞を受賞したベテラン。子どもからお年寄りまで楽しめる漫才で連日寄席をにぎわしている。

凡例　コンビ名、名前（芸名）、ポジションとTYPEはプロ野球選手に置き換えたときの塙宣之の独断と偏見によるイメージ ❶生年月日 ❷投打 ❸身長・体重 ❹出身地 ❺血液型 ❻主な経歴

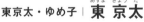

春風《はるかぜ》ふくた

TYPE **パリッシュ**

内野手

①1947年7月1日生まれ ②右投右打
③160cm60kg ④埼玉県 ⑤A型
⑥都立武蔵丘高 ⑦2000万 ⑧すべて？ ⑨第22回NHK漫才コンクール優秀賞、NTVやじうま演芸大賞 ⑩ブリヂストン？ ⑪絵手紙 ⑫相手の肩に噛みつく独特の漫才で数々のメディアに出演していたが、相方のこうたが亡くなりピン芸人になった。漫才協会に欠かせない存在として、これからも活躍に期待したい。

青空一歩・三歩 | 青空三歩《あおぞらさんぽ》

TYPE **杉山直樹**

捕手

①1957年7月5日生まれ ②右投右打
③176cm70kg ④千葉県 ⑤A型
⑥1978年青空一夜に師事－東洋プロダクション ⑦3800万 ⑧広瀬すず、永野芽郁（元カッキー、まゆゆ） ⑨第31回NHK新人漫才コンクール最優秀賞（優勝） ⑩パナソニック電動自転車 ⑪食べ歩き ⑫陰で頑張っている師匠に光を与えてくれる貴重な存在。今シーズンこそ本人に光が当たるよう奮起してもらいたい。

すず風にゃん子・金魚 | すず風《かぜ》にゃん子《こ》

TYPE **西崎幸広**

投手

①1962年1月19日生まれ
②？投？打（野球分からない…）
③158cm42kg ④神奈川県 ⑤A型 ⑥劇団ひまわり－レオナルド熊師とコント－樽山節考松やん役－クラウンからレコードデビュー－漫才 ⑦9000万 ⑧山崎賢人 ⑨鈴本演芸場で私たちが舞台に出た途端、男性のお客さまが吐いた ⑩山手線 ⑪酒!! ⑫協会一の美貌の持ち主であり、協会一の酒豪。「漫才協会のあぶさん」と言われている。

すず風にゃん子・金魚 | すず風金魚《かぜきんぎょ》

TYPE **フランコ**

内野手

①？年11月7日生まれ（やっとハ・タ・チ！）
②右投右打 ③147.8cm50kg ④北海道 ⑤O型
⑥幼稚園の先生からの東八郎の弟子－喜劇女優－漫才師 ⑦9000万 ⑧佐藤健さん、大谷翔平さん（ちょっとハニカム人!!） ⑨新宿コマ劇場の舞台で敢闘賞ほか ⑩ヤマハの電動自転車⑪ゴルフ、農作業、畑耕しなど ⑫漫才協会一陽気なキャラクターで若手からの信頼が厚い。何年生まれかは謎で、実年齢は誰も知らない。

⑦金額は漫才協会への貢献度 ⑧好きな異性のタイプ ⑨お笑い獲得タイトル。ノンタイトルの場合はこの世界に入ってからの思い出のシーン ⑩愛車 ⑪趣味・特技 ⑫塙による寸評

笑組｜かずお

TYPE 中田翔

内野手

①1968年７月17日生まれ ②両投両打
③57m550 t（コンバトラーV）④東京都 ⑤A型
⑥豊南高（中退）－内海好江入門－マセキ芸能社－フリー
⑦4500万 ⑧浜辺美波 ⑨第41回国立花形演芸会金賞ほか
⑩マセラッティー、ランボルギーニ、フェラーリ（トミカ）
⑪おもちゃ遊び・集め、後輩にメシをおごる ⑫若くして弟子入りした叩き上げの漫才師。かつての六本木の帝王も近年のコロナ禍とコンプライアンスに苦しんでいる。

ビックボーイズ｜羽《は》生《にゅう》愁《しゅう》平《へい》

TYPE 相川亮二

捕手

①1959年６月14日生まれ ②右投右打
③173cm80kg ④静岡県 ⑤O型
⑥清水南高－東洋大－十月劇場－池袋スカイ劇場 ⑦4800万 ⑧荻野目慶子、内田慈、鮫島彩 ⑪柔道二段 ⑫舞台の出番が終わるとすごいスピードで着替えて一目散に劇場から帰宅してしまうため、ほとんどの漫才協会の会員が彼の素情を知らないが、どうやら「モヤモヤさまぁ～ず」が好きらしい。

ビックボーイズ｜なべかずお

TYPE 高津臣吾

投手

①1957年３月９日生まれ ②右投右打
③166cm65kg ④北海道 ⑤A型
⑥たけしさんがいたフランス座で修行 ⑦6200万 ⑧飲み会に付き合ってくれるセクシーな女性 ⑨フランス座での１年８カ月の修行期間が一番楽しい経験 ⑩トヨタ（シエンヌ）と火の車 ⑪ゴルフ、パチンコ、浮気、将棋、妻と温泉旅行 ⑫協会一の目立ちたがり屋。「たまらんぜラップ」には誰もが度肝を抜かれた。若手の育成にも定評がある。

ねづっち

TYPE 駒田徳広

外野手

①1975年２月18日生まれ ②左投左打
③182cm80kg ④東京都 ⑤O型
⑥日大明誠高－東洋大－サンミュージック－あ・うん ⑦２億2000万 ⑧森尾由美 ⑨第27回浅草芸能大賞新人賞、2010年ユーキャン新語流行語大賞TOP10入りほか ⑩なし ⑪なぞかけ、プロ野球観戦（巨人ファン）、大相撲観戦など ⑫なぞかけの記録を数々と塗り替えてきた鉄人。前人未到の1万「整いました」まで残りわずか。

凡例 コンビ名、名前（芸名）、ポジションとTYPEはプロ野球選手に置き換えたときの塙宣之の独断と偏見によるイメージ ①生年月日 ②投打 ③身長・体重 ④出身地 ⑤血液型 ⑥主な経歴

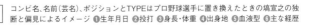

ナイツ｜土屋《つちや》伸之《のぶゆき》

TYPE 星野伸之

投手

❶1978年10月12日生まれ ❷右投右打
❸179cm78kg ❹東京都 ❺AB型
❻創価高－創価大－マセキ芸能社 ❼４億7000万 ❽西田ひかる ❾2003年漫才新人大賞受賞、第33回浅草芸能大賞奨励賞受賞ほか多数 ❿レクサス ⓫競馬、スポーツ観戦、ウルトラマン、スターウォーズ ⓬どんなシチュエーションでも動じない安定したツッコミの技術には定評がある。「消しゴムサッカー」の全世界への普及にも燃える。

ロケット団｜三浦《みうら》昌朗《まさあき》

TYPE 鳥谷 敬

内野手

❶1974年７月10日生まれ ❷右投右打
❸174cm62kg ❹山形県 ❺Ａ型
❻東海大山形高－東海大－トービック－グレープカンパニー ❼１億3000万 ❽綾瀬はるか ❾浅草芸能大賞新人賞、芸術祭演芸部門新人賞、花形演芸大賞金賞、第１回漫才新人大賞 ⓫プロレス観戦 ⓬年間800もの舞台をほぼ休みなくこなす「寄席の鉄人」。離婚して定評のある時事ネタもさらなる無双状態に。

ロケット団｜倉本《くらもと》 剛《ごう》

TYPE 宮西尚生

投手

❶1977年５月５日生まれ ❷右投右打
❸168cm51kg ❹東京都 ❺Ｏ型
❻明星高－トービック－グレープカンパニー ❼１億5000万 ❽常盤貴子、樋口可南子 ❾浅草芸能大賞新人賞ほか ⓫Ｖシネマ観賞、土下座、長渕剛の歌詞をすべて覚えること ⓬本業の漫才はもちろん、大喜利の司会などすべてにおいて安定感を誇る若手ナンバーワンツッコミ。勤続疲労が心配される。

宮田陽・昇｜宮田《みやた》 陽《よう》

TYPE 稲葉篤紀

外野手

❶1968年４月26日生まれ ❷左投左打
❸176cm73kg ❹秋田県 ❺Ａ型
❻秋田高－立命館大－マセキ芸能社 ❼２億 ❽田中裕子 ❾第３回漫才新人大賞優秀賞、第４回漫才新人大賞、第66回文化庁芸術祭新人賞、平成28年度花形演芸大賞銀賞 ❿なし ⓫サッカー、発明 ⓬塙と並び副会長を務める漫才協会の大黒柱。聞く力に長けており「協会の岸田文雄」とも言われている。

❼金額は漫才協会への貢献度 ❽好きな異性のタイプ ❾お笑い獲得タイトル。ノンタイトルの場合はこの世界に入ってからの思い出のシーン ❿愛車 ⓫趣味・特技 ⓬塙による寸評

宮田陽・昇 | **宮田《みやた》 昇《しょう》**

TYPE 會澤 翼

捕手

❶1976年10月31日生まれ ❷右投右打 ❸162cm74kg ❹広島県 ❺A型 ❻高校卒業後に相方の劇団－宮田一門 ❼1億3000万 ❽梶芽衣子、余貴美子 ❾平成17年漫才協会主催漫才新人大賞で大賞ほか ❿パナソニック ギュット・クルーム ⓫野球、料理、珠算3級 ⓬鋭い切れ味のツッコミで多くの師匠のボケをひろってきた。顔は谷繁元信に似ているが、広島出身なので會澤に。妻は落語家の柳亭こみち。

ホームラン | **たにし**

TYPE 宮本和知

投手

❶1950年1月16日生まれ ❷右投右打 ❸164cm68kg ❹静岡県 ❺A型 ❻静岡高－シャンソン化粧品－サワズカムパニー－トービック ❼2000万 ❽天使のような悪魔のような女性・ちあきなおみ ❾TBS日本前説選手権準優勝 ❿丸石自転車 ⓫高校野球観戦ほか ⓬相方の勘太郎を亡くし、ピン芸人に。コンビ時代はその名の通り〝ホームラン〟の笑いで舞台をわかした。〝芸〟で勝負するその姿勢を貫いてもらいたい。

コント山口君と竹田君 | **山口弘和《やまぐちひろかず》**

TYPE 斎藤雅樹

投手

❶1956年11月23日生まれ ❷右投右打 ❸161cm59kg ❹埼玉県 ❺A型 ❻玉川工高(廃校)－立正大中退－トムプロダクション ❼1億8000万 ❽吉永小百合 ❾「お笑いスター誕生」サバイバルシリーズ優勝、ゴールデンアロー賞新人賞ほか ❿なし ⓫無趣味が趣味、無特技が特技 ⓬電撃トレードで協会に入団。今では協会の主力として大活躍。また若手の育成にも力を入れており、次期会長候補の呼び声も高い。

コント山口君と竹田君 | **竹田《たけだ》高利《たかとし》**

TYPE 達川光男

捕手

❶1957年1月22日生まれ ❷右投右打 ❸167cm70kg ❹東京都 ❺A型 ❻京華学園高－早稲田予備校－トムプロダクション ❼9000万 ❽ダニエラビアンキ ❾「お笑いスター誕生」サバイバルシリーズ優勝、ゴールデンアロー賞新人賞ほか ⓫そば打ち、小さな山登り ⓬ひょうきんなキャラクターで協会一のムードメーカー。一方、正義感も強く、大御所の師匠に対して意見を言える頼れる一面も。

凡例 コンビ名、名前(芸名)、ポジションとTYPEはプロ野球選手に置き換えたときの塙宣之の独断と偏見によるイメージ ❶生年月日 ❷投打 ❸身長・体重 ❹出身地 ❺血液型 ❻主な経歴

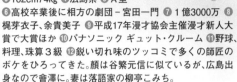

U字工事｜福田《ふくだ》 薫《かおる》

TYPE 仁志敏久

内野手

①1978年5月12日生まれ ②右投右打
③168cm72kg ④栃木県 ⑤AB型
⑥大田原高－桜美林大－アミーパークーデューズ ⑦7500万 ⑧山口智子 ⑨花形演芸会金賞、2008年M-1グランプリ5位など ⑩都営浅草線、宇都宮線 ⑪横浜DeNAベイスターズの応援、新選組研究、日商簿記検定2級、バドミントン ⑫独特の感性で突き進む栃木が生んだスター。大好きだった師匠が立て続けに亡くなり、精神面が心配される。

U字工事｜益子《ましこ》卓郎《たくろう》

TYPE 石井琢朗

内野手

①1978年6月16日生まれ ②右投右打
③171cm68kg ④栃木県 ⑤A型
⑥大田原高－桜美林大－アミーパークーデューズ ⑦9500万 ⑧明朗快活な女性 ⑨2008M-1グランプリ5位、花形演芸会金賞(2010年、14年、15年)、漫才協会真打ち(28代) ⑪登山、そば打ち ⑫「ごめんねごめんね」のギャグでおなじみ。漫才協会一マジメで理事の仕事も全力でこなす。栃木出身初の貢献度1億円プレイヤーも近いぞ。

ニックス｜トモ

TYPE 仁村 徹

内野手

①1974年3月4日生まれ ②右投右打
③156cm59kg ④栃木県 ⑤O型
⑥宇都宮女子商高－ニチエンプロダクション ⑦4600万 ⑧中村倫也、高橋一生、哀川翔、料理上手な人 ⑨横浜にぎわい座フレッシュ演芸会奨励賞(2002年) ⑩持ってない。買うとしたらミニバン ⑪若作り、芸人スイッチをONにしている時は誰とでもすぐ仲良くなれる ⑫本格派姉妹漫才。その勢いで漫才協会のエースの座を狙ってほしい。

ニックス｜エミ

TYPE 仁村 薫

外野手

①1972年8月27日生まれ ②右投右打
③154cm76kg ④栃木県 ⑤A型
⑥宇都宮女子商高－ニチエンプロダクション ⑦3800万 ⑧寺脇康文 ⑨横浜にぎわい座フレッシュ演芸会奨励賞(2002年) ⑩なし ⑪プロレス(格闘技)観戦、食べ歩きをすること ⑫軽妙な姉妹漫才が武器。妹のトモとは対照的におっとりした性格が特徴。食べ歩きが趣味のように、太りやすい体質に要注意。

⑦金額は漫才協会への貢献度 ⑧好きな異性のタイプ ⑨お笑い獲得タイトル。ノンタイトルの場合はこの世界に入ってからの思い出のシーン ⑩愛車 ⑪趣味・特技 ⑫塙による寸評

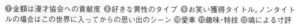

ふるさとコンビ｜結城《ゆうき》たかし

TYPE 大石大二郎

内野手

❶1949年3月31日生まれ ❷ともえ投ヒジ打
❸157cm61kg ❹新潟県 ❺AB型
❻新大久保日本電子専門学校－結城企画 ❼2000万 ❽塙宣之（ナイツ） ❾ラジオNHK真打共演（東京二・たかし） ❿トヨタカローラジーゼル2000 ⓫バイクエンジンボアーアップ、ライトプレーン操縦、ドローン操縦 ⓬小柄ながら、一発の破壊力もあるのが大きな魅力。遅咲きだが、漫才協会に欠かせない芸人。

ふるさとコンビ｜大空遊平《おおぞらゆうへい》

TYPE 長内 孝

外野手

❶1951年５月３日生まれ ❷右投両打
❸168cm61kg ❹宮城県 ❺O型
❻東海大中退－東京フェアレーンズ－丸井ボウル－蝶花楼馬楽入門－大空ヒット師事－マセキ芸能社 ❼2800万 ❽秋吉久美子 ❾国立演芸場「花形演芸会」金賞ほか ❿MTB ⓫読書、スコアブック ⓬夫婦漫才時代は数々の賞を受賞。コンビ解消後、たかしと「ふるさとコンビ」を結成。かつての１億円プレイヤーも大幅ダウンに。勝負の年。

大瀬《おおせ》ゆめじ

TYPE 高橋慶彦

内野手

❶1948年８月24日生まれ ❷右投右打
❸168cm68kg ❹北海道 ❺Ａ型
❻あるけど言わない！ ❼800万 ❽内海好江 ❾NHK漫才コンクール努力賞、第24回同優秀賞、第29回同最優秀賞受賞❿今はなし ⓫ゴルフ（今はやってない） ⓬昨シーズンは漫才協会規約を上回る90％の減俸（貢献度）となった。出場機会も少なく巻き返しが待たれる。

うたじ

TYPE 城島健司

捕手

❶1948年３月17日生まれ ❷マル投平手打
❸174.5cm67kg ❹長野県 ❺Ａ型Rh＋
❻駒大（文学部歴史学科）－芸人 ❼2800万 ❽好き嫌いはありません。全部ストライク ❾NHK漫才コンクール努力賞、優秀賞、最優秀賞 ❿危険なので今はなし ⓫碁アマ５段（実力初段）、ソシヤルダンス歴35年、釣り ⓬晩年、内海桂子の側近として帝王学を学んだ。これからは指導者として若手の育成に尽力してほしい。

凡例　コンビ名、名前（芸名）、ポジションとTYPEはプロ野球選手に置き換えたときの塙宣之の独断と偏見によるイメージ ❶生年月日 ❷投打 ❸身長・体重 ❹出身地 ❺血液型 ❻主な経歴

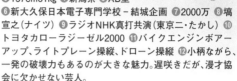

青空《あおぞら》麒麟《きりん》児《じ》

TYPE 駒田徳広

内野手

①1969年4月22日生まれ ②右投右打
③188cm75kg ④静岡県 ⑤O型
⑥豊川高ーコロムビア・トップ ⑦1300万 ⑧永野芽郁 ⑨フランスのカンヌ国際映画祭会場で行われた「WORLD CONGRESS 2012」出演 ⑩BMW320d ⑪珠算１級、簿記１級、オムツ交換のできない保育士ほか ⑫本業は紙切りだが、モデル出身であり、現在は保育園の園長という謎の肩書きを持つ。今季もこの男の行動から目が離せない。

柳家《やなぎや》松太郎《しょうたろう》

TYPE ペタジーニ

内野手

①1946年１月16日生まれ ②右投右打
③167cm65kg ④東京都 ⑤B型
⑥12歳よりこの世界（詳しくは漫才協会のホームページを見てください） ⑦1700万 ⑪スキー１級（指導者免許あり）、切り絵、漫談、落語、講演・司会、ネイルアート、料理、乗馬、ゴルフ ⑫誰もが認める浅草が生んだ実力派の紙切り芸人。話術にも長けていて、結婚式の披露宴の司会も多数こなしている。

ナナオ

TYPE 木田優夫

投手

①1974年3月3日生まれ ②右投右打
③169cm65kg ④東京都 ⑤O型
⑥東映演技研修所－マセキ芸能社 ⑦2400万 ⑧中森明菜→常盤貴子 ⑨アメリカのラスベガス（シーザスパレス・ベラッジオ）で日本語のみで舞台を務める ⑩エスクァイア ⑪ゴルフ、全国の美味店探し、仕事で47都道府県10周はしてる!! ⑫演歌の司会の腕は漫才協会一。温厚な性格で全世代からも慕われている。

もりあきのり

TYPE マント

内野手

①1967年10月27日生まれ ②右投右打
③167cm60kg ④愛知県 ⑤B型
⑥明大－（株）松屋・銀座店寝具－浅草店婦人雑貨－銀座店紳士服－漫才協会（大空遊平一門） ⑦850万 ⑧あべ静江ほか ⑨一度だけR-1で２回戦に進出 ⑩三菱ふそうエアロスターノンステップバス（神奈川中央交通）ほか ⑪路線バスに乗ることほか ⑫新しい形の漫談を確立さえすれば、大ブレークする可能性あり。積極的に前に出る気持ちが欲しい。

⑦金額は漫才協会への貢献度 ⑧好きな異性のタイプ ⑨お笑い獲得タイトル。ノンタイトルの場合はこの世界に入ってからの思い出のシーン ⑩愛車 ⑪趣味・特技 ⑫塙による寸評

中津川弦《なかつがわげん》

TYPE 馬場敏史

内野手

❶1979年９月19日生まれ ❷右投右打
❸173cm67kg ❹埼玉県 ❺Ｂ型
❻秀明英光高－亜大中退－マセキ芸能社 ❼2400万 ❽黒川伊保子、中園ミホ、林寛子 ❾2008年内海桂子賞(当時、漫才協会で一番お手伝いをした若手に贈られた賞) ❿なし ⓫熟女ツイッター鑑賞 ⓬シャープでホットなハイヤングでおなじみの漫談家。その独特の語り口調にファンが急増。大ブレークの予感。

金谷《かなや》ヒデユキ

TYPE 荒木大輔

投手

❶1965年10月４日生まれ ❷右投右打
❸169cm65kg ❹群馬県 ❺Ａ型
❻人力舎(芸人)－フリー(ミュージシャン)－81プロデュース(声優)－漫才協会(芸人) ❼3800万 ❽梶芽衣子、倍賞千恵子 ❾ザ・テレビ演芸５週勝ち抜き、浅草マンキースMVPほか ❿センターラインJr ⓫寅さん豆知識 ⓬かつてのボキャブラスターも今ではベテラン芸人に。スベリ知らずの歌ネタで連日東洋館に爆笑の渦が起こる。

BOOMER｜河田《かわだ》キイチ

TYPE 中嶋 聡

捕手

❶1964年４月23日生まれ ❷右投左打
❸174cm78kg ❹神奈川県 ❺Ａ型
❻神奈川県立湯河原高－劇団ひまわり－転々とし現在フリー ❼4000万 ❽山口百恵、天海祐希 ❾ボキャブラ天国２代目名人 ⓫競馬、釣り ⓬ボキャブラネームは「遅れてきたルーキー」。BOOMERとしての豊富な経験値を存分に生かし、漫才協会の若手ライブを定期的に開き、活躍の場を与えている。

BOOMER｜伊勢浩二《いせこうじ》

TYPE ミューレン

外野手

❶1964年８月１日生まれ ❷右投右打
❸170cm80kg ❹広島県 ❺Ａ型
❻近大福山高－三木プローフリー ❼3400万 ❽有働由美子 ❾ボキャブラ天国２代目名人 ❿自転車 ⓫野球、パチンコ、スナック芸 ⓬一世を風靡したボキャブラ時代の輝かしい実績を引っ提げて満を持しての漫才協会入り。ものまねタレントとしても力を発揮し続けており、東京の演芸界をけん引してほしい。

凡例 コンビ名、名前(芸名)、ポジションとTYPEはプロ野球選手に置き換えたときの塙宣之の独断と偏見によるイメージ ❶生年月日 ❷投打 ❸身長・体重 ❹出身地 ❺血液型 ❻主な経歴

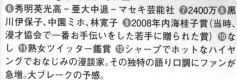

プリンプリン｜田中《たなか》 章《あきら》

TYPE 村松有人

外野手

❶1967年11月30日生まれ ❷右投右打
❸164cm65kg ❹大阪府 ❺A型
❻西成高－田辺エージェンシー－ABPinc ❼3000万 ❽戸田恵梨香 ❾NHK新人演芸大賞、1994今宮えびす新人漫才コンクール新人漫才奨励賞 ❿スズキハスラー ⓫柔術、波乗り ⓬プリンプリンのボケ担当。王道のコントができる数少ない芸人。ボキャブラ以来の再ブレークを果たし、もう一度浅草にコントの灯をともす。

プリンプリン｜うな加藤《かとう》

TYPE 若田部健一

投手

❶1968年6月21日生まれ ❷右投左打
❸174cm82kg ❹福岡県 ❺AB型
❻九州国際大付高－田辺エージェンシー－フリー ❼3000万 ❽辻門アネラ ❾NHK新人演芸大賞、1994今宮えびす新人漫才コンクール新人漫才奨励賞 ❿レクサス、D10 ⓫高校野球、草野球（日本一4回） ⓬ケガさえなければ天下を獲っていたかもしれない。そのツッコミセンスは誰もが認めるところ。完全復活に期待！

母心｜嶋川武秀《しまかわたけひで》

TYPE 長野久義

外野手

❶1978年7月26日生まれ
❷？投？打（野球をやったことがない）❸172cm65kg
❹富山県 ❺A型❻高岡第一高－早大－吉本興業－ボンガーズ－オフィスまめかな ❼3200万 ❽天海祐希 ❾漫才新人大賞、第50回漫才大会優勝 ❿高級車（妻の許可が得られず、すいません） ⓫皿洗い、洗濯、歌舞伎鑑賞 ⓬かつての新人王もここ数年は満足なパフォーマンスができず苦しんでいる。M-1決勝も狙える実力だけに本来の力を取り戻してほしい。

母心｜関《せき》あつし

TYPE 小川泰弘

投手

❶1979年8月7日生まれ ❷右投右打
❸168cm67kg ❹茨城県 ❺A型
❻多賀高－つくば国際大－吉本興業－ボンガーズ－オフィスまめかな ❼3200万 ❽ショートカットならだいたい好きです ❾漫才新人大賞、第50回漫才大会優勝 ❿自転車（免許なし） ⓫絵、子育て、イタズラ、サブミッション ⓬抜群の安定感を誇るツッコミと協会のカレンダーを製作する企画力をあわせ持つ。

❼金額は漫才協会への貢献度 ❽好きな異性のタイプ ❾お笑い獲得タイトル。ノンタイトルの場合はこの世界に入ってからの思い出のシーン ❿愛車 ⓫趣味・特技 ⓬塙による寸評

おちもり｜森《もり》 佳樹《よしき》

TYPE 髙山俊

外野手

❶1989年8月6日生まれ ❷右投左打
❸164cm67kg ❹鹿児島県 ❺O型
❻鶴丸高－東京農工大－浅井企画 ❼1300万 ❽持田香織、木南晴夏 ❾第17回漫才新人大賞優勝 ❿自転車・黒・7代目 ⓫降りたことのない駅で降りてみる。せつないギャグ ⓬複数の協会が競合したかつてのドラフト1位も一軍の大舞台では結果を出せず。ナイツ以来のM-1グランプリ決勝を目指す。

おちもり｜越智《おち》悠介《ゆうすけ》

TYPE 有原航平

投手

❶1992年10月21日生まれ ❷右投右打
❸170cm69kg ❹大阪府 ❺O型
❻山本高－天理大－ワタナベコメディースクール－浅井企画 ❼1300万 ❽重盛さとみ、永野芽郁 ❾第17回漫才新人大賞優勝 ❿東京メトロ丸の内線 ⓫タップダンス、コロナ禍により一人で散歩して景色を見ながら、酒を飲む ⓬常に新しいスタイルを取り入れる姿勢は素晴らしい。あせらずに体を作って大舞台で花開いてほしい。

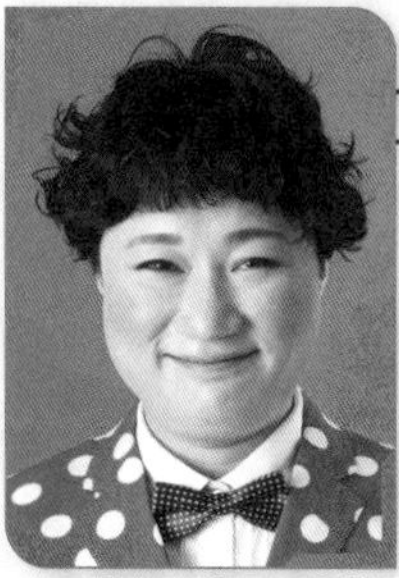

マリア｜イーちゃん

TYPE 平良海馬

投手

❶1974年12月26日生まれ（永遠の38歳）
❷右投右打❸166cm68kg ❹大阪府 ❺A型
❻大和川高－ケーエープロ－オフィス北野－サンミュージック ❼1150万 ❽窪田正孝、山田孝之 ❾2020漫才新人大賞優勝、やば荘優勝 ❿NO電動チャリ ⓫マンガを読むこと、ものまねメイク、ボートレース ⓬遅咲きだが、地道にやってきた芸が評価されて昨年初タイトルを獲得。テレビでの活躍も期待される。

マリア｜ゆみみ

TYPE 森下暢仁

投手

❶1982年7月6日生まれ ❷右投左打
❸165cm45kg ❹埼玉県 ❺B型
❻福岡高－ケイダッシュ－ワタナベ－ニュースタッフ－サンミュージック ❼1150万 ❽奥田民生 ❾第19回漫才新人大賞受賞 ❿なし ⓫絵、お酒、マラソン、バドミントン、ものまね ⓬苦しんでいた漫才のスタイルもようやく確立し、これからますますの活躍が期待される。旦那は落語家の笑福亭茶光。

凡例　コンビ名、名前（芸名）、ポジションとTYPEはプロ野球選手に置き換えたときの塙宣之の独断と偏見によるイメージ ❶生年月日 ❷投打 ❸身長・体重 ❹出身地 ❺血液型 ❻主な経歴

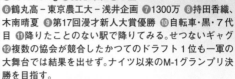

おせつときょうた｜おせつ

TYPE 近本光司

外野手

❶1984年12月13日生まれ ❷右投右打
❸180cm76kg ❹大阪府 ❺A型
❻近大落研－漫才協会－落語芸術協会 ❼1000万 ❽浜辺美波、松本まりか、石田ゆり子 ❾第18回漫才新人大賞で大賞、2021みちょぱ１グランプリ優勝、フジテレビコンビネタ１グランプリ優勝 ❿なし ⓫ラテアート ⓬長い持ち時間において必ず結果を残す漫才師。課題は短い持ち時間の中でどう爆発するか。

おせつときょうた｜きょうた

TYPE 岩貞祐太

投手

❶1986年9月17日生まれ ❷右投右打
❸159cm54kg ❹大阪府 ❺A型
❻寝屋川高－奈良教育大－K-PRO－落語芸術協会 ❼1000万 ❽広末涼子 ❾第18回漫才新人大賞で大賞、2021みちょぱ１グランプリ優勝ほか ❿東京メトロ銀座線1000系 ⓫日記歴15年、将棋２段、胸キュンポエム、スキー ⓬高い声が特徴。「第２のこぼん」との呼び声も高い。反面教師でどのコンビよりも相方と仲が良い。

カントリーズ｜えざお

TYPE 梶谷隆幸

外野手

❶1982年12月18日生まれ ❷右投右打
❸165cm105kg ❹東京都 ❺B型
❻堀越高－日大（アメフト部で４年間マネージャー）－（有）ひのき－マセキ芸能社 ❼1400万 ❽浜辺美波 ❾2012年漫才新人大賞 ❿ホンダPCX125 ⓫野球観戦、プロレス観戦、アメをなめて100万匹のカエルの鳴き声を出すこと ⓬漫才新人大賞を獲った頃の勢いが欲しい。１年中舞台で戦える体を作るため、肉体改造中。

コンパス｜西本宏一《にしもとこういち》

TYPE 亀井善行

外野手

❶1981年5月10日生まれ ❷右投右打
❸161cm90kg ❹千葉県 ❺O型
❻流山北高－人力舎－アップフロントエージェンシー－ユニバース ❼2800万 ❽新垣結衣 ❾漫才新人大賞で大賞、ガキの使いやあらへんで山-1グランプリ優勝 ❿パナソニックの電動自転車 ⓫マンガソムリエ、ウマ娘を熱く語る ⓬M-1決勝進出の夢は叶わなかったが、まだまだ老け込む年じゃない。新たな目標を見つけて頑張れ。

❼金額は漫才協会への貢献度 ❽好きな異性のタイプ ❾お笑い獲得タイトル。ノンタイトルの場合はこの世界に入ってからの思い出のシーン ❿愛車 ⓫趣味・特技 ⓬塙による寸評

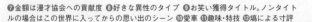

コンパス | 中島和彦《なかじまかずひこ》

TYPE 元木大介

内野手

❶1981年3月3日生まれ ❷右投右打
❸169cm60kg ❹富山県 ❺O型
❻富山国際大付高－東京アナウンス学院－ホリプロ－アップフロントエージェンシー－ユニバース ❼2800万 ❽小倉優子 ❾漫才新人大賞、ガキの使いやあらへんで山-1グランプリ優勝、EMI民謡コンクール奨励賞 ⓫民謡、なぞなぞなど ⓬ふざけているようで誰よりもお笑いに熱く、情にも厚いナイスガイ。民謡漫才を確立して新境地を開け。

オキシジェン | 三好博道《みよしひろみち》

TYPE 松原聖弥

外野手

❶1980年8月13日生まれ ❷右投右打
❸164cm70kg ❹神奈川県 ❺O型
❻関東学院高－青山学院大－ホリプロコム ❼4800万❽永作博美 ❾第15回漫才新人大賞優勝、第3回ビートたけし杯「お笑い日本一」優勝 ❿なし ⓫1960年代から80年代のB級邦画鑑賞、プロレス観戦、ハンガーヌンチャク ⓬自分で作るオリジナルクイズや師匠のものまねが好評。協会への貢献度はナンバーワン。貢献度大幅アップの期待。

オキシジェン | 田中知史《たなかともふみ》

TYPE 今村信貴

投手

❶1977年6月24日生まれ ❷右投右打
❸178cm68kg ❹鳥取県 ❺A型
❻倉吉東高－青山学院大－ホリプロコム ❼2300万 ❽深津絵里 ❾第15回漫才新人大賞優勝、第3回ビートたけし杯「お笑い日本一」優勝 ❿なし ⓫名探偵コナン（従兄が原作者の青山剛昌。コミック第6巻に犯人役としても登場） ⓬いいものは持っているが、まだ100%の力を発揮できていない。ホリプロコムとして初のタイトルに期待がかかる。

高田文夫《たかだふみお》（外部理事）

TYPE 村田兆治

投手

❶1948年6月25日生まれ（沢田研二とまったく同じ。幽体離脱といわれる）❷右投右打 ❸170cm59kg
❹東京都 ❺A型 ❻日本学園高－日大芸術学部放送学科。卒業後、高名な放送作家 ❼1億 ❽ショーケンと出会う前のいしだあゆみほか ❾第11回みうらじゅん賞受賞ほか ❿ベンツ5台を乗りつぶし、今はPASMO ⓫「ホームラン」の漫才を想い出すこと ⓬今年から外部理事に就任。心停止からトミー・ジョン手術で復活。70歳を過ぎた今も速球を投げる演芸界の村田兆治。

凡例 コンビ名、名前（芸名）、ポジションとTYPEはプロ野球選手に置き換えたときの塙宣之の独断と偏見によるイメージ ❶生年月日 ❷投打 ❸身長・体重 ❹出身地 ❺血液型 ❻主な経歴

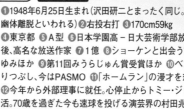

PROFILE

塙 宣之 (はなわ・のぶゆき)

芸人。1978年3月27日、千葉県生まれ。漫才協会副会長。2001年にお笑いコンビ「ナイツ」を土屋伸之と結成。08年以降3年連続でM-1グランプリ決勝進出。THE MANZAI2011準優勝、漫才新人大賞、平成25年度文化庁芸術祭大衆芸能部門優秀賞、平成28年度芸術選奨大衆芸能部門文部科学大臣新人賞など受賞多数。

話し相手 長谷川晶一 (はせがわ・しょういち)

ノンフィクションライター。1970年5月13日、東京都生まれ。主な著書に『詰むや、詰まざるや 森・西武 vs 野村・ヤクルトの2年間』『プロ野球ヒストリー大事典』などがある。

イラスト 佐野文二郎

イラストレーター。1965年11月3日、福井県生まれ。オリジナリティーあふれるイラストをはじめ、発砲スチロールを削り出した立体イラストでも人気。

装　丁　黄川田洋志 (ライトハウス)

デザイン　黄川田洋志、井上菜奈美、
　　　　　中田茉佑 、有本亜寿実 (ライトハウス)
　　　　　藤本麻衣

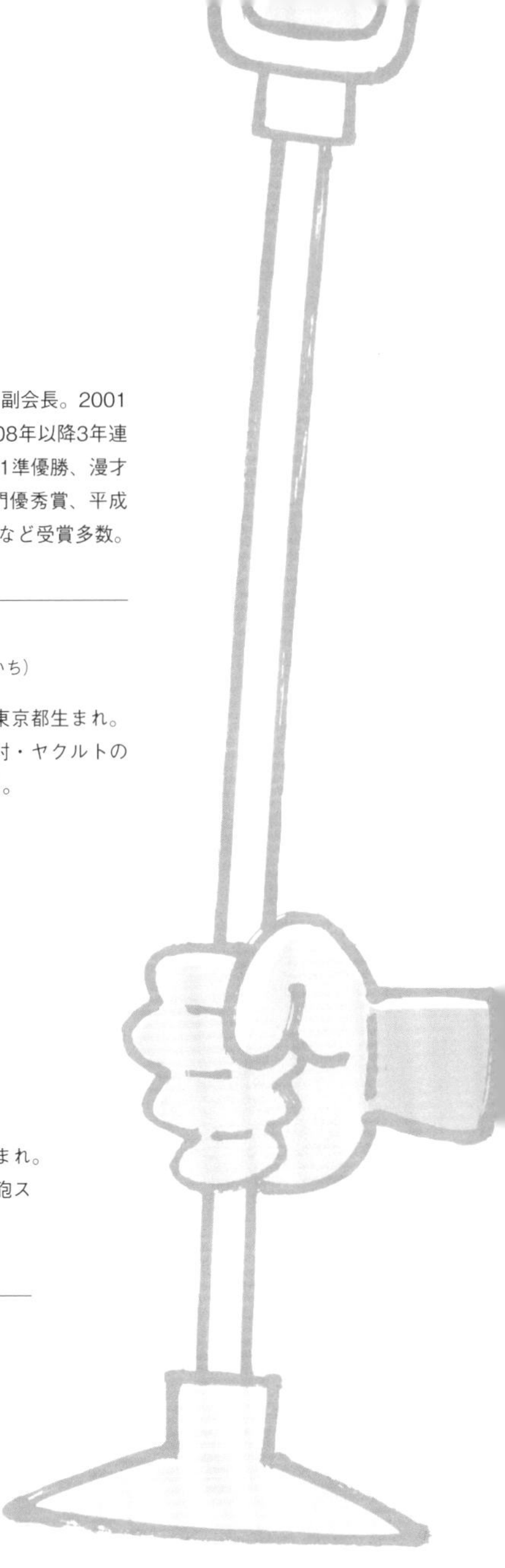

極私的《ごくしてき》プロ野球偏愛論《やきゅうへんあいろん》
野球《やきゅう》と漫才《まんざい》のしあわせな関係《かんけい》

2021年12月5日　第1版第1刷発行

著　　者　塙《はなわ》 宣之《のぶゆき》
発 行 人　池田哲雄
発 行 所　株式会社ベースボール・マガジン社
〒103-8482　東京都中央区日本橋浜町2-61-9 TIE 浜町ビル
電話　03-5643-3930（販売部）
　　　03-5643-3885（出版部）
振替口座　00180-6-46620
https://www.bbm-japan.com/

印刷・製本　大日本印刷株式会社

Printed in Japan
ISBN 978-4-583-11385-2 C0075